教育部直属高校校办企业发展报告 2013

JIAOYUBU ZHISHU GAOXIAO XIAOBAN QIYE FAZHAN BAOGAO 2013

教育部财务司　合肥工业大学◎编

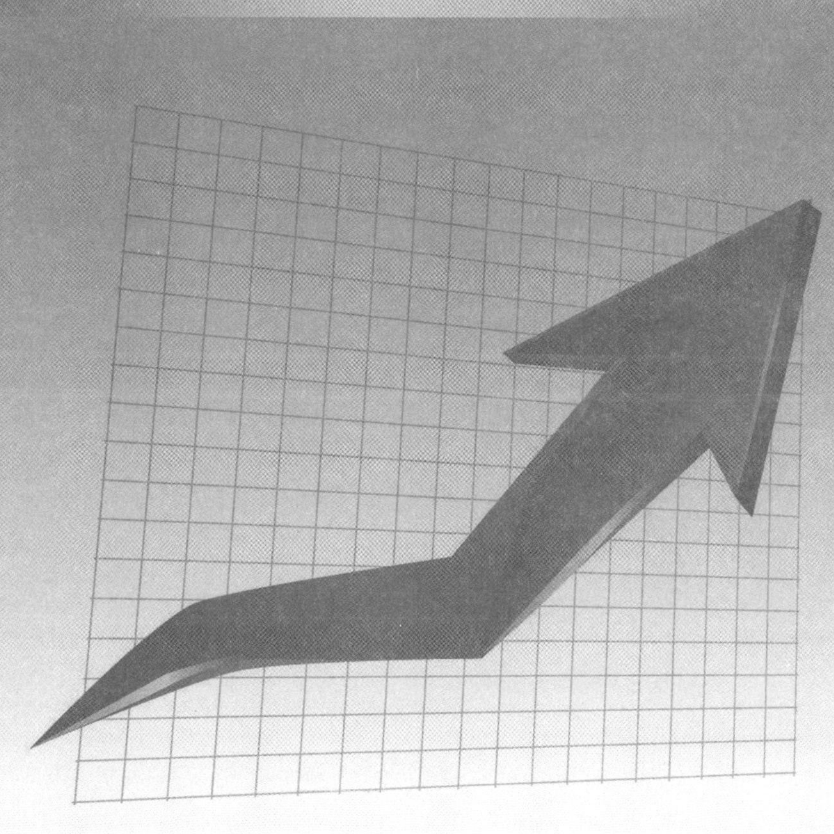

合肥工業大學出版社

CONTENTS 目录

第一章　高校校办企业发展总论

1.1　高校校办企业发展背景

我国高校创办企业萌芽于20世纪50年代，起步于80年代，经过几十年的发展，现已进入以“积极发展、规范管理、开拓创新”为指导思想的高速发展时期。

狭义上的高校校办产业是指经过相当一级高校主管部门和税务部门批准，由高校出资自办的、学校负责经营管理、经营收入归学校所有的各类法人经济实体的总称。广义上的高校校办企业是指由学校出资或以学校部分出资，由学校负责经营或由主要负责经营管理的、具有独立法人地位或隶属学校法人的各类经济实体的总称。高校校办企业作为高校重要的组成部分，具有高等教育的职能与属性；同时，作为企业又具有生产经营的职能与属性。高校校办企业这一双重职能与属性的独特存在的形式，构成了区别于社会企业的基本特征。

高校校办企业构成要素从不同角度可以划分为：按产业类型划分，高校校办企业包括科技产业、传统产业、服务产业；按主管层次划分，高校校办企业包括校有校管产业、校有系管产业；按产权的界定划分，高校校办企业包括学校独资、股份制、中外合资、国内联营等几种类型。

1. 我国高校校办企业发展历程

我国高校校办企业的历史可追溯到20世纪50年代。随着我国高等教育事业的发展，高校校办企业历经沧桑，几经沉浮，终于初步形成了适合我国基本国情、具有中国特色的高校校办企业的发展模式。

（1）1958 年，在党的“教育与生产劳动相结合”的方针指引下，高校普遍建立了校办工厂或农场，主要任务为接收学生劳动实习和进行科研加工。

“文化大革命”期间，我国高等教育事业遭受到了严重的破坏，校办企业在数量上虽有增加，但也随着“文化大革命”的结束而画上了句号。

从 1958 年至 1978 年，我国高校校办企业受当时政治、经济的影响，虽有起伏，但无长足的发展，处于停滞不前的状态。

（2）在党的十一届三中全会上，特别是 1985 年中央做出关于科技体制、教育体制改革的决定后，在邓小平同志“科学技术是第一生产力”的论断和党中央“经济建设必须依靠科学技术，科学技术工作必须面向经济建设”的战略方针指引下，高校校办企业的性质、功能和规模都有了全新的变化，并且进入了探索以发展科技产业为主的新时期。

1989 年，国务院以国发〔1989〕10 号文件批转国家教委、财政部、人事部、国家税务总局《关于高等学校开展社会服务有关问题的意见》，明确了高等学校的社会服务功能，认定了高校校办企业的税收优惠政策和业务范围，提出了高校校办企业的发展方向，为高校校办企业的进一步向高科技产业为主导的方向发展打下了良好的基础。

（3）1992 年春，邓小平同志南行谈话，对改革开放和发展的一系列重大理论和实践问题做了精辟的阐述。党的十四大确立了建立社会主义市场经济体制的改革目标，党的十四届三中全会做出了《关于建立社会主义市场经济体制改革若干问题的决定》，这些重大决策更加有力地推动了高校校办企业向着更新更高的台阶迈步。

1993 年 12 月，国家教委、国家科委、国家体改委联合召开了全国高校科技产业工作会议，系统全面地总结了我国高校校办企业的工作，并于 1994 年 3 月下发了三委《关于高等学校发展科技产业的若干意见》。由此，高校校办企业得到了国家的充分肯定，并且从中央到地方开始落实高校校办企业的组织领导机构。财税字〔1994〕001 号、国税发〔1994〕156 号文件，从财政税收的政策上给校办企业以优惠，为高校校办企业的持续、稳定、快速发展提供了政策保障。

（4）2005 年 10 月 12 日，教育部下发了《关于积极发展、规范管理高校科技产业的若干意见》（科技发〔2005〕2 号，以下简称《意见》）。《意见》肯定了自改革开放以后高校在利用科技和人才优势创办科技企业、加速科技成果转化和产业方面取得的显著成绩，成为我国发展高科技、实现产业化的重要力量；明确了高校发展科技产业应坚持产学研结合和社会结合的原则；坚持“积极发展、规范管理、改革创新”的指导方针。

《意见》也明确了高校产业改制的方向和目标，重点推进高校产业规范化建设。规范化建设的重点在于建立新型的高校产业管理体制、全面推进现代企业制度建设、严格管理高校产业活动和投资行为。同时，《意见》强调要加强领导，全面推进高校科技产业化。

（5）中关村作为我国高新技术产业发展的一个缩影，是我国第一个国家级高新技术产业开发区，第一个国家自主创新示范区，第一个“国家级”人才特区，是我国机制创新体制的试验田，也被誉为“中国的硅谷”。

1988年5月，国务院批准成立北京市高新技术产业开发试验区，作为中关村科技园的前身，标志着党中央、国务院开始关注高新技术产业的发展；1999年6月，国务院批复要求加快建设中关村科技园区，这是中国政府实施科教兴国战略、增强我国创新能力和综合国力的一项重大战略决策；2005年8月，国务院做出了关于支持中关村科技园区建设的8条决定；2009年3月，国务院批复同意建设中关村国家自主创新示范区，要求把中关村建设成为具有全球影响力的科技创新中心，成为创新型国家建设的重要载体。2011年1月26日，国务院又批复同意了《中关村国家自主创新示范区发展规划纲要（2011—2020年）》，进一步明确了中关村示范区今后十年的战略定位和发展思路。2011年，国家“十二五”规划中明确提出“把北京中关村建设成为具有全球影响力的科技创新中心”。2012年10月13日，国务院批复同意调整中关村国家自主创新示范区空间规模和布局，由原来的一区十园增加为一区十六园，示范区面积由原来的233平方千米，增加到488平方千米。

国家的一系列政策文件对中关村的发展起着重大的推动和促进作用，中关村依托周边高校优秀人才供给，逐渐形成了以联想、百度为代表的高新技术企业近2万家，形成了以下一代互联网、移动互联网和新一代移动通信、卫星应用、生物和健康、节能环保及轨道交通等六大优势产业集群，以及集成电路、新材料、高端装备与通用航空、新能源和新能源汽车等四大潜力产业集群为代表的高新技术产业集群和高端发展的现代服务业，形成了“一区多园”各具特色的发展格局，成为首都跨行政区的高端产业功能区。

截至2012年，中关村示范区实现总收入2.5万亿元，企业实缴税费达到1500亿元，企业从业人员达156万人，企业利润总额1730亿元，实际出口230亿美元。

2. 国外高校校办企业的发展过程

国外高校校办企业较之国内高校校办企业，在概念形成与发展上都领先于国内高校。

高校校办企业是经济、科技与教育发展到一定阶段的产物。从国外高新技术发展的历史可以看出，昔日高等学校与经济活动相距甚远，而今高等学校已被新技术革命的浪潮推到了社会经济发展的第一线。以高等教育为核心的高新技术产业蓬勃发展，逐渐形成了一种以教育、科研、商品生产紧密结合的新的社会结构。

国外高等学校以校办科技产业为主的社会服务功能，随着社会经济和高等教育的发展，从无到有，从小到大。以欧洲国家为例，从最早的意大利波隆大学仅有教学功能到19世纪初德国政治家冯·洪堡提出的大学具有“教学和科研相统一”的功能，其间经历了近700年的发展。教学和科研两大功能在大学的有机结合，对德国社会的科学、文化和工业的发展起到了积极的作用，使德国的科学技术在很长一段时间里一直走在西欧各国的前列。

20世纪初，美国的“威斯康星思想”发挥大学的高技术辐射功能，它主张高等学校应该为区域经济与社会发展服务，该理念使学校获得空前的繁荣与发展，极大地提高了该学校在全美国大学中的地位，这一思想与实践引起美国各高等学校的普遍重视和效仿。

第二次世界大战以后，资本主义经济进入高速发展时期，生产对科技的高度依赖和科技对生产的作用日益增强。为了迎合这一变化，大学在教学、科研两大功能之外逐渐派生演化出新的功能——社会服务功能（或高校科技产业）。20世纪50年代初，斯坦福大学建立起由企业提供基本建设资金和科研费用，由大学提供科研人员和场地的“斯坦福工业园”；同时，鼓励一些教师走出实验室，创办高技术公司，从而形成美国的高校校办企业。目前，众多高技术公司落户于斯坦福大学的工业园内，其中以英特尔、甲骨文、苹果、惠普和思科为代表，形成了“斯坦福工业园”为核心基地的“硅谷”高技术开发区，科研、制造水平居世界领先地位，并且成为世界第一大微电子工业中心。“硅谷”的成功与产生的效应，波及全世界。

以大学工业园为基地创办高技术开发区，是西方发达国家校办企业的突出特点。“硅谷”和“波士顿128号公路”高技术区的成功所形成的技术革命浪潮，迅速蔓延至全美及西方其他各国，据统计，至21世纪初，已形成由美国斯坦福科技园、日本筑波科技城、加拿大卡尔顿高科技区、德国慕尼黑高科技区、独联体西伯利亚高科技区、英国苏格兰高科技区、法国诺布尔高科技产业区、意大利国家高科技区、瑞典希斯达电子城和新加坡国家高科技区为代表的世界十大著名高新技术开发区。

综上所述，从20世纪初的威斯康星州立大学，到20世纪中叶的斯坦福工业园与20世纪80年代各国形成的众多高技术开发区，直到21世纪形成的世界十大著名高新技术开发区，高等教育的社会服务功能被逐渐认识，并在实践中发挥巨大的作用，占据重要的地位。

1.2 高校校办企业的地位和作用

正确界定高校校办企业的地位，有利于提升高校校办企业发展水平，有利于拓宽高校校办企业发展空间，有利于增强高校校办企业发展活力。

1.2.1 高校校办企业的地位

1. 高校校办企业是高等学校社会服务功能的主要形式

从高等教育的功能看，高校校办企业是高等学校内部的一个重要功能。在我国，高校除具有教学、科研和产业三大功能外，还有后勤服务功能，而教学、科研、产业是其主要的功能。近年来，许多高校探索的教、科、产三结合实体，将教学、科研、产业三种功能进行有机的组合，形成优势互补、相互依托、相互促进、协调发展的新的高校校办企业的模式，例如北大方正集团等校办企业集博士点、博士后流动站、重点学科、重点实验室、国家工程中心于一体，显示出强大的生命力。

关于高校校办企业的发展问题有以下三种主要观点：

(1) 有条件的高校以教学、科研为两个中心，社会服务为第三功能，高校校办企业是社会服务功能的主要形式。

（2）高校要成为三个中心，即教学、科研和产业三个中心。

（3）校办企业是学校创收的一种手段，是权宜之计，无地位可谈。

其中，第一种观点比较恰当地表述了高校校办企业在高等学校内部的地位。理由如下：

① 从高等学校的主要任务看。培养高级专门人才、发展科学技术文化和促进现代化建设是高等学校的主要任务，因此，培养的人才质量和学校的科研水平是衡量高等学校的标准。

② 从高等教育的功能看。发达国家高等教育功能的拓展与延伸，用事实说明了高等教育具有社会服务的第三功能。由于我国经济发展水平和市场发育水平不高，高校校办企业成为这一功能的主要存在形式。

③ 从价值取向看。校办企业的价值取向，第一位的是经济效益水平；而高等学校的价值取向，第一位的是社会效益水平。高校校办企业与高等学校在价值取向上的差异，以及高校校办企业是高等学校的一部分这一事实，决定了校办企业是从属地位，而不是中心地位。

④ 从运行规律看。企业与事业的运行规律不同，校办企业要以企业的发展机制运行，学校要从人员上加以分流，以不影响学校的主体目标和整体利益。

2. 高校校办企业是我国高新技术产业发展的主体之一

在新的历史条件下，以开发、推广、转化或转移科技成果，实现技术创新为主要特征的科技企业已成为高校校办企业的主体。高校校办企业以高校的技术和智力为依托，以市场为导向，利用国家科技开发区的优惠政策，高起点、高进度、高效益地成为高新技术企业的主体之一。

高技术产业的特点，一是知识密集，需要大量受过良好教育、训练有素的工程技术人才和管理人才；二是在技术上高度综合，需要多学科相互配合和渗透；三是多数高技术产业属于科学前沿领域转化成的产业，需要有很强的基础研究和应用研究作为基础。在这几个方面高等学校具有很大的优势，同样，也是高校校办企业的优势，这一优势具体体现在以下几方面：

（1）高等学校科研力量雄厚，科研成果丰硕；

（2）高等学校学科门类齐全，实验手段先进；

（3）高等学校信息资源丰富，便于国际合作。

与高校优势形成巨大反差的是，我国高校科技成果的转化率只有15%～20%，与发达国家高校60%～80%的转化率相比相差甚远。其主要原因如下：一是我国自主创新体系建设面临的严重问题仍然是创新资源的严重分割。表现为：高校定位为高层次人才培养中心、研究院为科学创新中心、企业为技术创新中心，各主体之间结合动力不足，联系不够紧密，很难对经济社会发展形成有力的支撑。二是市场机制引导不足。表现为：科研项目与市场需求脱节、科技扶持政策缺乏衔接配套、科研评价和激励机制不够科学、“中试”环节严重滞后与科技成果服务信息严重缺位。

1.2.2 高校校办企业的作用

进入21世纪，我国高校校办企业以其崭新的形象和强大的生命力，对我国经济、科技、教育起到了积极的促进作用。

1. 有利于加速科技成果的商品化和产业化，促进国民经济的繁荣和进步

当代科学技术突飞猛进。新技术革命极其深刻地影响着社会经济发展的进程，其突出表现是许多高科技领域已经和正在出现一系列重大突破，高科技产业化的进程日益加快。现在，各国发展高技术的战略目标已由军事目标转向经济目标，相应地，发展高科技的战略重点已经转向提高产业竞争能力方面。当今世界的经济竞争越来越集中表现为科学技术及科技产业的竞争。在美国等西方发达国家，由于社会发育成熟，市场体系完善，激烈、严酷的竞争使得西方经济运行具有很高的科技含量，企业有着对科技本能的需求与依赖；同时，西方国家教育发达，民众文化素质高，企业技术力量强，因此，西方社会具有较为完善的、运作有效的科技成果转化和高技术产业化的机制。在我国，由于市场体系不完善，企业素质不高，科技成果转化通道不畅，特别是高校有些高技术成果技术层次很高，学科综合性和集成度很强，商品化的技术难度很大，对人员素质要求很高，因而社会企业对这些成果一时难以具备接受能力。这些成果一旦脱离母体就很难商品化和产业化，甚至夭折。而发展高校校办企业是化解这一矛盾的有效途径，它能以大学独有的条件，大大加快高技术成果的商品化和产业化进程，并在我国高新技术的商品化、产业化、国际化中起一定的先导示范作用和骨干带动作用，有时甚至能引起某些行业的技术革命。

2. 有利于人才培养和知识更新，不断提高教育质量

教育与科技生产在更高的层次上有机结合，组成一体化的社会新结构，是当今世界范围内社会经济发展和高等教育改革的一个重要发展趋势。传统的高等教育主要局限于传授知识和创造知识，而今要承担向社会推广新思想和新创造的任务。要完成这一任务，必须使高等教育与高技术产业发展紧密结合起来，在发展高新技术产业中振兴高等教育，培养新人才。目前，我国高校培养的人才，是为21世纪我国的经济振兴打基础，要求高等学校培养大批既有扎实的基础知识，又要富有创新意识，能够适应高新技术产品开发、生产、经营和国际竞争需要的人才。离开高新技术商品化、产业化、国际化的实践，这样的人才是难以培养出来的。过去，由于长期受计划经济体制与模式的影响，高等学校缺乏懂生产、会经营和善于参加国际竞争的人才，也缺少熟悉这一领域、提高这方面人才质量的实践，因此，创建高校校办企业，就为培养大批适应中国国情、直接推动中国经济发展的能从事生产、经营和参加国际竞争的人才提供了基地。高校校办企业与经济紧密相连，源源不断地从社会获得大量的反馈信息，推动了高校的专业改造和课程内容的更新，使大学更好地面向国民经济建设，适应社会发展的需要；教师通过参与企业的技术开发活动，能够更新知识，促进教学内容和课程的改革，从而进一步提高教学和科研的水平。

3. 有利于引进竞争机制，转变观念，推动高等教育的体制改革

适度引进竞争机制，有利于推动高等教育的体制改革。另外，在高等学校内部还不同程度地存在着鄙薄技术与经营、不讲速度与效益、论资排辈等陈旧观念的影响。引入具有战略性、风险性和竞争性的高校高新技术产业，将有利于破除陈旧的传统观念的束缚。高科技产业在组织管理和运行方式上都有一套战胜风险、取得胜利、适应环境变化的灵活机制。一些高校的科技企业的快速发展，都是紧紧地瞄准市场，优化机制，建立起集市场开发与营销、技术创新与产品开发、基础理论研究等于一体的快速反应系统，为企业及学校的建设与发展注入了活力。

4. 有利于发挥高校科技优势，促进高校科研体制的改革

高校校办企业在科技成果商品化、产业化、国际化的过程中，把高等学校

的科技优势转化为市场竞争的优势，实现了知识和技术的价值；反过来又加速了市场对高校科研方向和内容的反馈，并为科研提供重要的经费支持。这种机制推动了学科的交叉和更新，促进了大学的基础研究、应用研究、技术开发和技术推广各环节之间的紧密结合，以形成合理的比例关系。这将有利于高校科研走上与社会经济紧密结合、互相促进的良性循环发展道路。同时，高校校办科技产业的发展，增强了大学承担国家基础研究和高科技项目的软硬环境，一些产学研结合的实体正在向博士点、重点学科、重点实验室、博士后流动站、国家工程研究中心的五星级企业发展。这不仅是高校校办企业发展的主导方向，也是高校科研的一种新型体制。

5. 有利于改善办学条件，增强高校的自我发展能力

高校校办企业开辟部分补充教育经费的来源，不仅是在我国这样的发展中国家，就是在美国这样一个经济高度发达的国家，高校校办企业的收入在其办学经费来源中也占有一定的比重。这说明世界上许多国家的大学都在通过校办企业来解决办学经费问题。

在我国高等学校，教育经费单靠国家包起来的模式已经改变，况且我国教育经费紧缺，需要学校多渠道筹集资金办学。高校校办企业经过近三十年的发展，实际上已经成为许多大学解决办学经费问题不可缺少的重要途径之一。

6. 有利于推动企业的技术进步和行业的技术改造

当前，由于我国的科研与生产、技术与市场脱节的现象仍然比较严重，高校的技术向社会企业转移面临许多困难。高校科技产业作为中试基地和技术推广中心，是加速科技成果向社会企业转移和扩散的一条重要途径。

7. 有利于发挥高校技术人才的双重优势，促进高技术开发区的建设

在大学周围建立中试基地和科技“孵化器”，生产企业特别是科技企业向大学周围聚集，以就近得到科技、信息的辐射，已经成为世界性潮流。按照传统的“工业区位”理论，工业的选址的主要条件是离市场近、距离原料产地近、劳动成本低，现在这一理论受到了新技术革命的挑战，即离大学“智力源”近将成为工厂选址的首要条件。美国的“硅谷”“128 号公路”，日本的九州“硅岛”，我国台湾地区的新竹科学工业园区以及中国北京的中关村，这些高技术园区无不以大学为核心区域。

1.3 高校校办企业发展概况

1.3.1 总体概况

1. 高校校办企业基本情况

(1) 全国普通高校

2013年度，全国共计有29个省、自治区、直辖市（西藏自治区和宁夏回族自治区未报送数据）的552所普通高校参与了全国高校校办企业统计工作，涉及企业5279家。参与统计的高校和校办企业数量分别比2012年增加12.88%、51.78%。

参加高校校办企业统计的企业为5279家，按企业级次分类：一级企业为1797家，二级企业为1566家，三级及三级以下企业为1916家，与2012年相比，一级企业增加2.63%，二级企业减少9.32%，三级及三级以下企业在2013年正式列入统计口径；按组织形式分类：公司制企业4056家，非公司制企业1223家，与2012年相比，公司制企业增加93.79%，非公司制企业减少11.70%；按学校控制方分类：国有控股企业3985家，非国有控股企业1294家，与2012年相比，国有控股企业增加61.34%，非国有控股企业增加28.37%（见表1-1）。

表1-1 参加全国高校校办企业统计分类情况

年份	企业级次			组织形式		学校控制方	
	一级企业	二级企业	三级及以下	公司制	非公司制	国有控股	非国有控股
2012	1751	1727	—	2093	1385	2470	1008
2013	1797	1566	1916	4056	1223	3985	1294

2013年，全国普通高校校办企业职工总数为32.01万人，其中，具有高等教育学历的人员为16.83万人，占企业人员总数的52.58%；研发人员5.36万人，占企业人员总数的16.74%；专职管理人员3.99万人，占企业人员总数的

12.46%（见表1-2）。企业接纳学生实习共5.95万人次，累计实习2123.38万人，参与培养硕士生5219名、博士生530名。

表1-2 全国普通高校校办企业职工分类及占比情况

年份	企业职工	高等学历	占比(%)	研发人员	占比(%)	专职管理人员	占比(%)
2012	47.74	24.17	50.63	7.97	16.69	4.66	9.76
2013	32.01	16.83	52.58	5.36	16.74	3.99	12.46

2013年，全国普通高校校办企业拥有或授权的专利数共3206项，登记的计算机软件及集成电路版权共1997项，获得国家级、省部级奖项1985项。进入国家大学科技园高校校办企业拥有获授权的专利数共1341项，占全国普通高校校办企业总数的41.83%；进入国家大学科技园高校校办企业登记的计算机软件及集成电路版权共851项，占全国普通高校校办企业总数额的42.61%；进入国家科技园区获得国家级、省部级的奖项共738项，占全国普通高校校办企业获得奖项总数的37.18%。

（2）教育部直属高校

2013年，参加教育部直属高校校办企业统计企业为2531家，占全国普通高校校办企业总数的47.94%。按企业级次统计，一级企业497家，二级企业1208家，三级以下企业826家，与2012年相比，教育部直属高校一级企业增加18.05%，二级企业增加16.71%；按组织形式分类，公司制企业2065家，非公司制企业466家，与2012年相比，公司制企业增加88.07%，非公司制企业增加30.17%；按学校控制方分类，国有控股企业1635家，非国有控股企业896家，与2012年相比，国有控股企业增加73.94%，非国有控股企业增加82.17%（见表1-3）。

表1-3 参加教育部直属高校校办企业统计分类情况

年份	企业级次			组织形式		学校控制方	
	一级企业	二级企业	三级及以下	公司制	非公司制	国有控股	非国有控股
2012	421	1035		1098	358	940	516
2013	497	1208	826	2065	466	1635	896

2013年，教育部直属高校校办企业职工总数为22.93万人，占全国普通高校校办企业职工的71.63%。教育部直属高校校办企业职工中具有高等教育学历的人员为13.06万人，占企业人员总数的56.96%；研发人员4.87万人，占企业人员总数的21.24%；专职管理人员3.10万人，占企业人员总数的13.52%（见表1-4）。企业接纳学生实习4.56万人次，累计实习550.31万时，参与培养的硕士生3077名，博士生365名。

表1-4 全国普通高校校办企业职工分类及占比情况

年份	企业职工	高等学历	占比(%)	研发人员	占比(%)	专职管理人员	占比(%)
2012	36.52	20.45	56.00	7.26	19.88	3.56	9.75
2013	22.93	13.06	56.96	4.87	21.24	3.1	13.53

2013年教育部直属高校校办企业拥有获得专利数共2285项，登记的计算机软件及集成电路版权共1697项，获国家级、省部级奖项共1767项，三者合计5749项，占全国普通高校校办企业的88.34%。教育部直属高校进入国家级大学科技园高校校办企业拥有或授权的专利数共1180项，占教育部直属高校校办企业拥有获授权专利的40.90%；进入国家级大学科技园高校校办企业登记的计算机软件及集成电路版权共851项，占教育部直属高校校办企业登记额计算机软件及集成电路版权的44.62%；进入国家级大学科技园高校校办企业获国家级、省部级的奖项共738项，占教育部直属高校校办企业登记的国家级、省部级奖项的38.43%。

2. 资产、负债、所有者权益状况

2013年年末，全国高校校办企业资产总额为3537.72亿元，负债总额为2203.75亿元，所有者权益总额为1333.97亿元，资产负债率为62.29%。与2012年相比，资产总额增加347.46亿元，负债总额增加301.02亿元，所有者权益增加46.44亿元，增幅分别为10.89%、15.82%和3.61%（见图1-1）。

2013年年末，教育部直属高校校办企业资产总额为3167.06亿元，负债总额为1959.55亿元，所有者权益总额为1207.51亿元，资产负债率为61.87%。与2012年相比，资产总额增加465.03亿元，负债总额增加339.66亿元，所有者权益总额增加了125.37亿元，增幅分别为17.21%、20.96%和11.58%（见图1-2）。

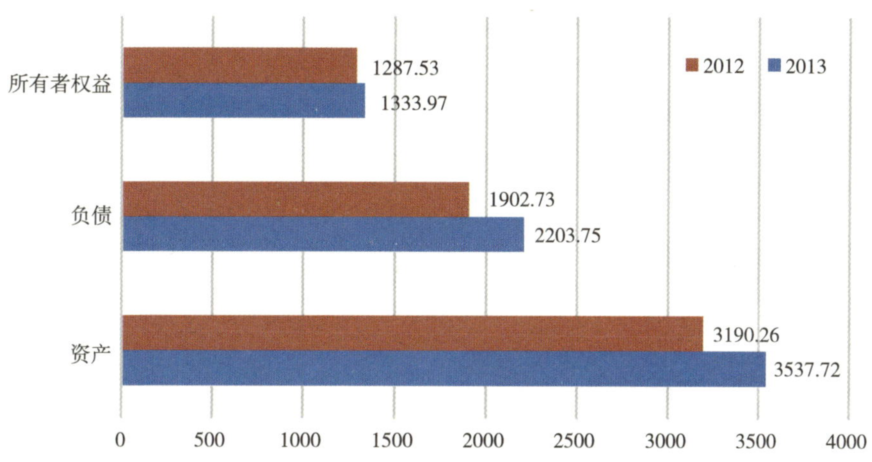

图 1-1　2013 年年末全国高校校办企业资产状况（与 2012 年末对比）

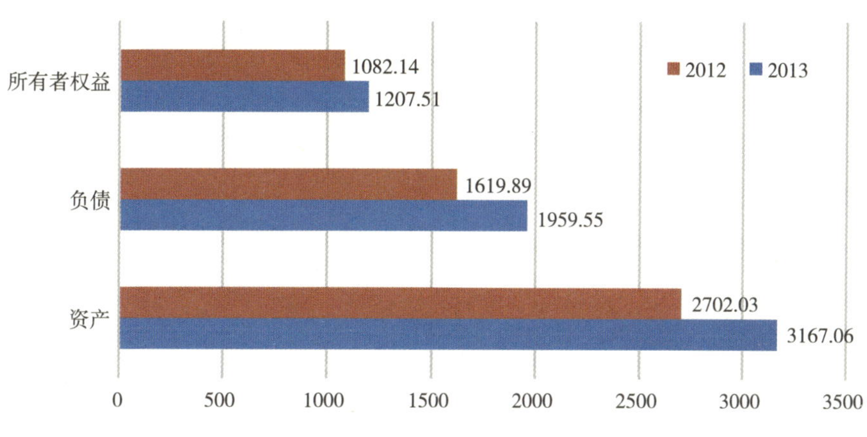

图 1-2　2013 年末教育部直属高校校办企业资产状况（与 2012 年末对比）

2013 年，教育部直属高校校办企业资产总额、负债总额与所有者权益总额占全国高校校办企业资产总额、负债总额与所有者权益总额的比例分别为 89.52%、89.37%和 89.76%，与 2012 年相比，占比分别增加 4.82%、4.17%和 5.71%。

2013 年全国高校校办企业在资产总额、负债总额与所有者权益总额快速增长的具体原因为：其一，资产方面，北京大学与清华大学资产总额分别增加 207.16 亿元和 265.46 亿元，两者合计占 2013 年资产增加额的 136%；其二，负债方面，北京大学和清华大学负债总额分别增加 185.13 亿元和 183.95 亿元，两者合计占 2013 年负债总额增加值的 121.28%；其三，所有者权益方面，北京大学和清华大学所有者权益分别增加22.03亿元和81.52亿元，两者合计占2013年所有者权益增加值的222.93%。

综上所述，教育部直属高校校办企业作为全国高校校办企业的主要力量，在资产、负债和所有者权益方面都占据了接近90%的比例，资产负债率为60%，资产状况良好。北京大学和清华大学作为教育部直属高校校办企业当中的佼佼者，在2013年表现尤为突出。

3. 经营状况

2013年度，全国高校校办企业收入总额为2080.72亿元，利润总额为106.25亿元，净利润为83.01亿元。与2012年相比，收入减少5.35亿元，利润减少2.19亿元，净利润减少4.56亿元，降幅分别为0.26%、2.02%和5.21%（见图1-3）。

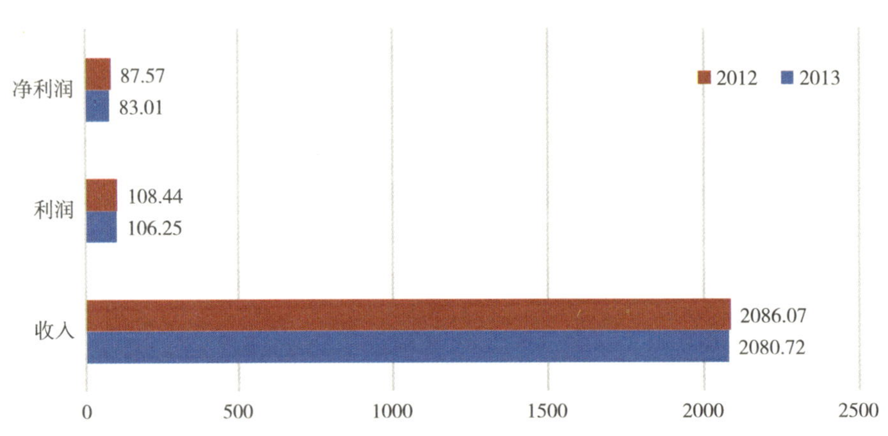

图1-3　2013年年末全国高校校办企业经营状况（与2012年年末对比）

2013年度，教育部直属高校校办企业收入总额为1881.13亿元，利润总额为97.65亿元，净利润为77.35亿元。与2012年相比，收入增加74.24亿元，利润增加7.66亿元，净利润增加4.87亿元，增幅分别为4.11%、8.51%和6.72%。

2013年，教育部直属高校校办企业收入总额、利润总额和净利润分别占全国高校校办企业收入总额、利润总额和净利润的90.41%、91.91%和93.18%，与2012年相比，占比分别增加4.19%、8.9%和10.41%。

综上所述，教育部高校校办企业作为高校校办企业收入和利润的主要贡献来源，在2013年整体表现萎靡的情况下依旧保持稳定的增长速度。2013年，全国高校校办企业在经营状况表现方面下滑，净资产收益率为6.2%；教育部直属高校校办企业在经营状况表现方面呈现稳定增长的态势，净资产收益率为6.46%（见图1-4）。

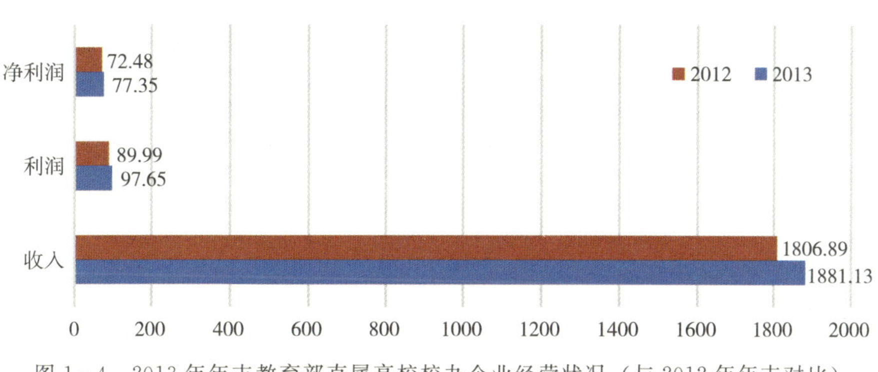

图1-4　2013年年末教育部直属高校校办企业经营状况（与2012年年末对比）

1.3.2　教育部直属高校校办企业发展区域分布情况

1. 按省、自治区和直辖市划分

（1）资产规模

2013年，教育部直属高校校办企业资产总额为3167.06亿元，各省、自治区和直辖市平均资产为175.95亿元，各高校平均资产为43.38亿元。

省、自治区、直辖市层面，2013年度资产总计超过1000亿的省市只有北京市（2245.15亿元）；有4个省（自治区、直辖市）资产总额超过100亿元，分别是上海市（216.98亿元）、辽宁省（173.39亿元）、山东省（124.49亿元）和湖北省（108.39亿元）；有8个省（自治区、直辖市）资产总额超过10亿元，分别是广东省（54.57亿元）、四川省（53.32亿元）、陕西省（46.49亿元）、湖南省（46.31亿元）、浙江省（33.39亿元）、江苏省（21.95亿元）、重庆市（16.11亿元）和天津市（11.75亿元）。高校层面，资产总额超过1000亿元的高校有1所，北京大学（1176.59亿元）；有3所高校资产总额超过100亿元，分别是清华大学（971.20亿元）、东北大学（164.09亿元）和同济大学（126.98亿元）；资产总额超过10亿元的高校有17所。

排名前五位省（自治区、直辖市）资产合计为2868.05亿元，占比超过90%。其中北京市位居榜首，占比为71%；上海市位居次席，占比为7%。如图1-5所示。

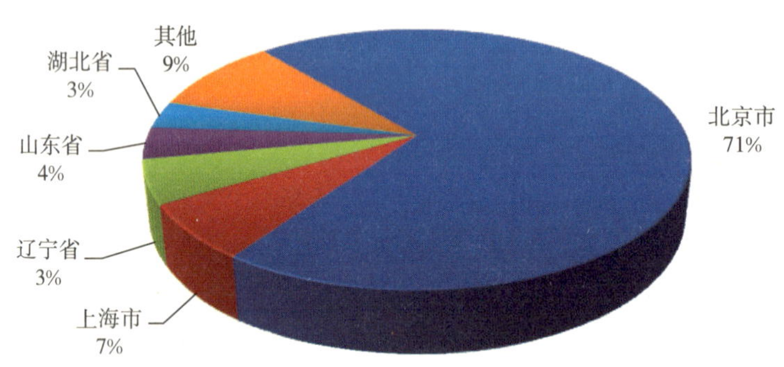

图 1-5 排名前五位省市教育部直属高校校办企业资产总额占比

排名前五位高校校办企业资产总计为 2533.85 亿元，占比超过 80%。其中北京大学位居榜首，占比为 37%；清华大学位居次席，占比为 31%。如图 1-6 所示。

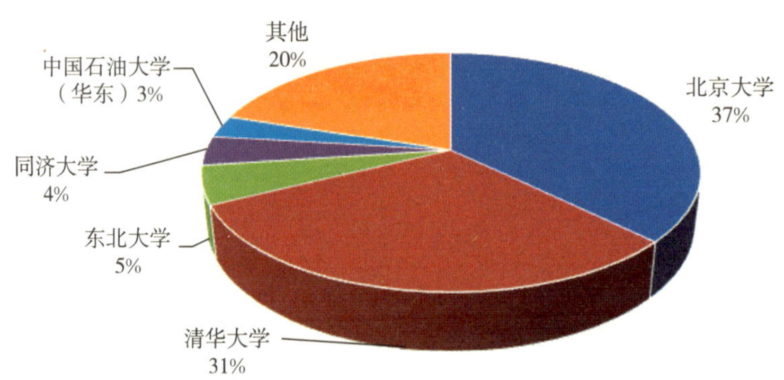

图 1-6 排名前五位教育部直属高校校办企业资产总额占比

（2）营业收入

2013 年，教育部直属高校校办企业营业收入总计为 1881.13 亿元，各省（自治区、直辖市）平均营业收入为 104.45 亿元，各高校平均营业收入为 25.77 亿元。

在省、自治区、直辖市层面，2013 年度营业收入超过 1000 亿的只有北京市（1289.50 亿元）；超过 100 亿元的为山东省和上海市，分别为 159.31 亿元和 116.45 亿元；有 8 个省（自治区、直辖市）营业收入超过 10 亿元，分别是辽宁省（96.67 亿元）、广东省（63.98 亿元）、湖北省（50.29 亿元）、四川省（21.66 亿元）、浙江省（19.47 亿元）、陕西省（16.43 亿元）、湖南省（13.78 亿元）、重庆市（10.33 亿元）。在高校层面，营业收入超过 100 亿元的高校有 3

所，分别是北京大学（768.98亿元）、清华大学（461.01亿元）和中国石油大学华东（138.64亿元）；营业收入超过50亿元的高校有3所，分别是东北大学（93.31亿元）、同济大学（71.53亿元）和中山大学（53.29亿元）；超过10亿元的高校有9所。

排名前五位省（自治区、直辖市）高校校办企业营业收入合计为1725.93亿元，占比超过90%。其中北京市位居榜首，占比为69%；山东省位居次席，占比9%。如图1-7所示。

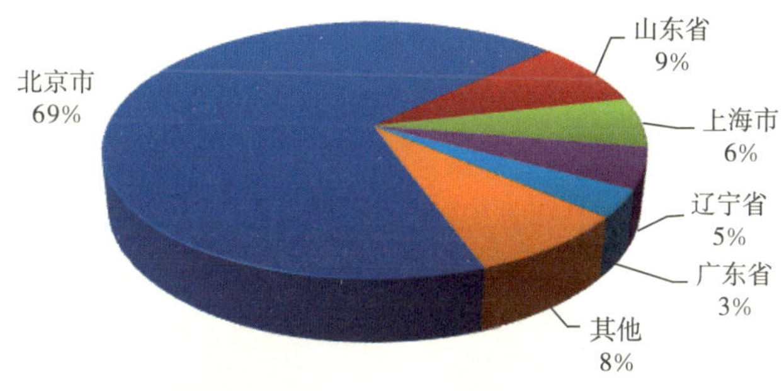

图1-7　排名前五位省市教育部直属高校校办企业营业收入占比

排名前五位的教育部直属高校校办企业营业收入总计为1533.47亿元，占比超过80%。其中北京大学位居榜首，占比为41%；清华大学位居次席，占比为25%。如图1-8所示。

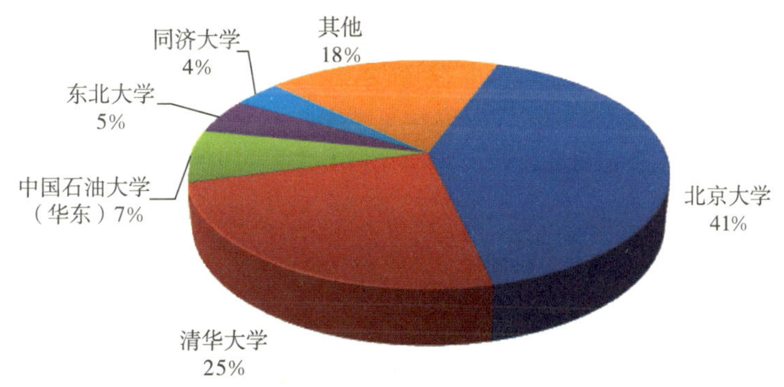

图1-8　排名前五位教育部直属高校校办企业营业收入占比

（3）净利润

2013年度，教育部直属高校校办企业净利润合计为77.35亿元，各省（自治区、直辖市）平均净利润为4.29亿元，各高校平均净利润为1.06亿元。

在省、自治区、直辖市层面，2013 年度净利润超过 10 亿元的为北京市（43.22 亿元），有 4 个省（直辖市）净利润超过 3 亿元，分别为上海市（9.16 亿元）、辽宁省（6.39 亿元）、山东省（4.95 亿元）和广东省（3.18 亿元），有 4 个省净利润超过 1 亿元，分别为湖北省（2.04 亿元）、浙江省（1.99 亿元）、四川省（1.79 亿元）和陕西省（1.10 亿元）。在高校层面，净利润超过 10 亿元的高校有 2 所，分别是清华大学（19.12 亿元）和北京大学（17.73 亿元），有 3 所高校净利润超过 3 亿元，分别是东北大学（5.97 亿元）、同济大学（4.99 亿元）和山东大学（3.99 亿元），有九所高校净利润超过 1 亿元。

2013 年度，排名前五位的省、自治区、直辖市净利润合计占比超过 85%。其中，北京市位居榜首，占比为 56%；上海位居次席，占比为 12%。如图 1－9 所示。

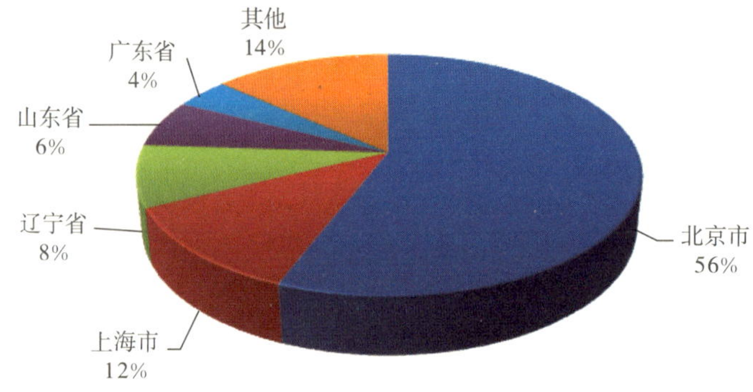

图 1－9　排名前五位省市教育部直属高校校办企业净利润占比

2013 年度，排名前五位教育部直属高校校办企业净利润合计为 51.80 亿元，占比超过 65%。其中，清华大学位居榜首，占比为 25%；北京大学位居次席，占比为 23%。如图 1－10 所示。

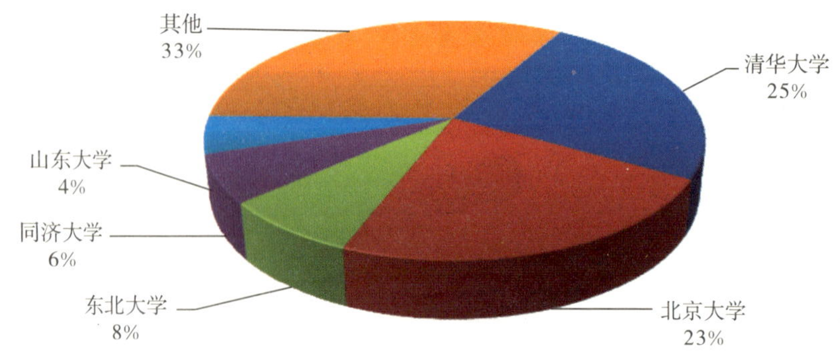

图 1－10　排名前五位教育部直属高校校办企业净利润占比

综上所述，北京市在资产规模、营业收入和净利润方面大幅度领先于其他省（自治区、直辖市），占比接近70%。而在高校方面，北京大学和清华大学也都遥遥领先于其他高校。

2. 按东中西部划分

以东部沿海、中部和西部划分来看，东部沿海地区整体发展明显优于中部和西部地区。东部地区拥有9个省（自治区、直辖市），教育部直属高校50所；中部地区拥有5省（自治区、直辖市），教育部直属高校13所；西部地区拥有4省（自治区、直辖市），教育部直属高校12所。

从资产、收入、净利润来看，东部沿海地区教育部直属高校校办企业的资产总额为2890.90亿元，营业收入总额为1766.50亿元，净利润为70.01亿元；中部地区教育部直属高校校办企业的资产、营业收入和净利润分别为158.65亿元、64.85亿元和2.61亿元；西部地区教育部直属高校校办企业的资产、营业收入和净利润分别为117.52亿元、49.78亿元和4.72亿元。如图1-11所示。

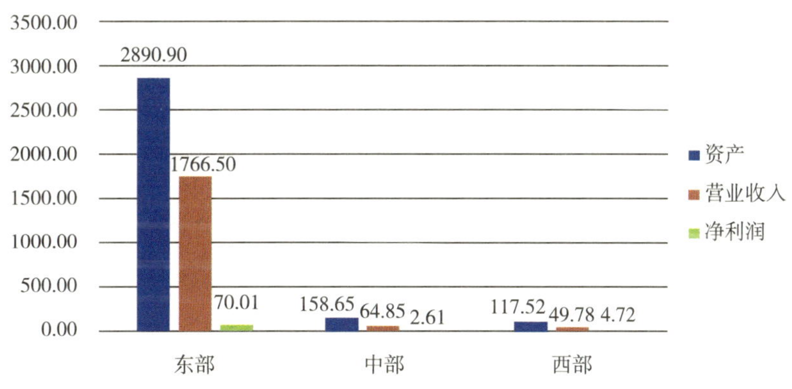

图1-11　2013年度东中西部地区资产、营业收入与净利润情况

从总资产收益率和净资产收益率来看，西部地区表现最好，东部其次，中部垫底。总资产收益率方面，西部地区为4.01%，东部地区为2.42%，中部地区为1.65%；净资产收益率方面，西部地区为13.42%，东部地区为6.55%，中部地区为2.83%。如图1-12所示。

综上所述，东部地区在资产规模、营业收入和净利润方面领先于中西部，但在总资产收益率和净资产收益率方面的表现却不如西部地区。

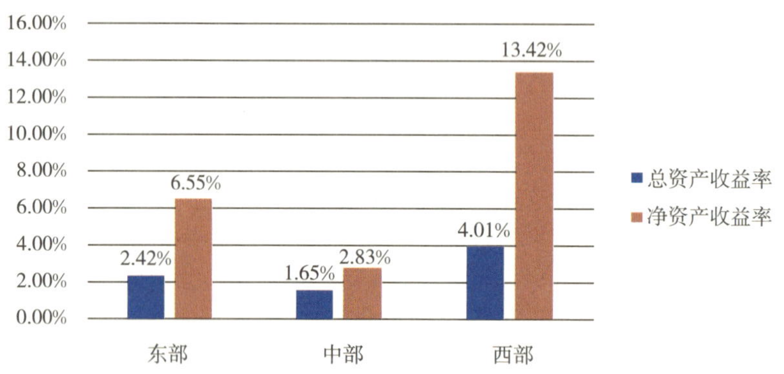

图 1－12　2013 年度东中西部总资产、净资产收益率情况

1.3.3　高校校办企业控股上市公司情况

截至 2014 年 3 月，全国高校有 13 所高校控股 25 家公司上市。在 A 股市场板块中俗称“高校系”板块。在 25 家上市公司中，清华大学 6 家，北京大学 4 家，华中科技大学 3 家，上海交通大学、浙江大学各 2 家，同济大学、中山大学、山东大学、复旦大学、东北大学、中南大学、天津工业大学和哈尔滨工业大学各一家，除天津工业大学外，其他上市公司全为教育部直属高校（如图 1－13 所示）。

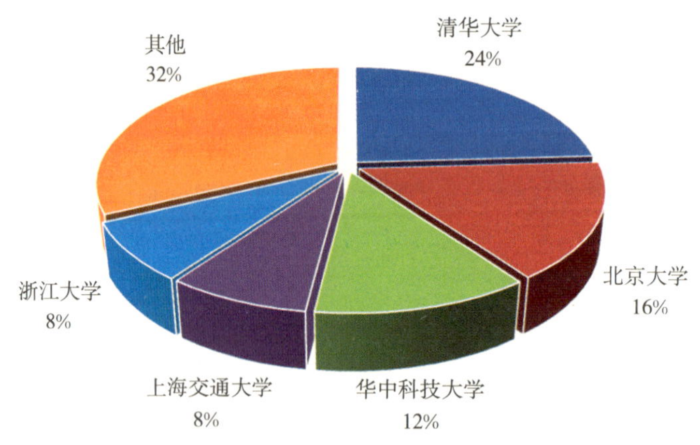

图 1－13　归属于高校上市公司占比

从上市模式来看，除紫光古汉、山大华特、诚志股份、方正科技、北大医药与浙大网新这 6 家公司为借壳上市外，其余 19 家公司全为 IPO 上市。

从公司所在地划分，上海数量最多，集中了 5 家，复旦大学、同济大学、上海交通大学、北京大学在上海均有上市公司。北京、湖南、湖北各3家，湖北的3家高校控股上市公司皆归属于华中科技大学旗下，浙江、江西各有2家，分别为浙江大学、清华大学控制。

按股票市值计算，方正证券（北京大学）、同方股份（清华大学）、东软集团（东北大学）、同方国芯（清华大学）四家公司市值超过百亿，25家公司的平均市值为75.6亿元。截至2014年3月18日，从股票市场市值来看，方正证券以333.06亿元位居榜首，同方股份与东软集团分别以221.98亿元和179.10亿元位居其后；从市值可以看出，位居次席的同方股份与位居榜首的方正证券还有很大的差距。在归属学校方面，清华大学控股的6家上市公司与北京大学控股的4家上市公司的市值总和分别为517.74亿元和510.68亿元，分别占比29%和28%，占据了“高校系”板块的半壁江山（如图1－14所示）。

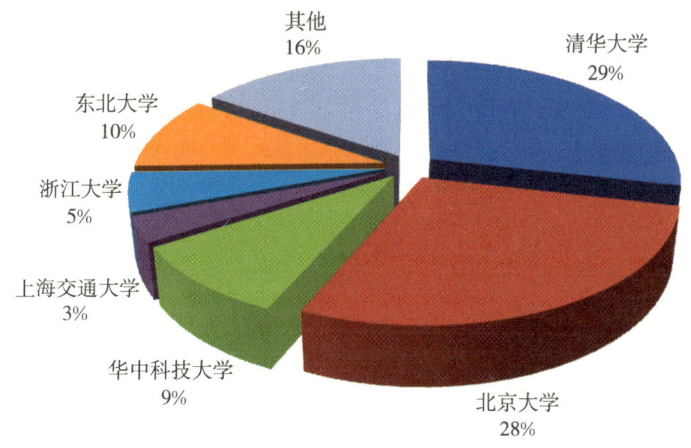

图1－14　各高校市值占高校上市公司总市值情况

从行业划分来看，高校上市公司多集中在生物医药和计算机类，各有6家，前者为紫光古汉、北大医药、山大华特、诚志股份、交大昂立和达安基因；后者分别为方正科技、东软集团、浙大网新、同方股份、紫光股份、泰豪科技。这些上市公司与高校强大的研发特点相吻合。

沪深A股先后有42家公司为高校控股上市公司，但有17家公司由于经营不善退出了高校行列。其中，被协议收购5家、股权转让3家、控制权变更3家、资产重组2家、股权拍卖2家、大股东减持1家、退市1家。虽然一些上市公司还挂着高校的名字，但实际控制人并非高校本身，如国农科技、青鸟华光、工大首创等。

1.4 框架结构

本评价报告共由 8 章内容组成：第 1 章为高校校办企业总论，阐明高校校办企业的发展背景、地位和作用与发展概况；第 2 章为评价方法，对评价方法的选择和评价方法进行适当说明；第 3 章至第 7 章，分别从创新能力、治理能力、竞争能力、财务能力和社会贡献五个维度对教育部直属高校校办企业进行分项考察，对隶属于各维度的准则层与单项指标进行详细考察，对教育部直属高校校办企业进行评价；第 8 章是结论和展望，在前面分析的基础上得出本年度评价的结论，并对未来的工作进行展望。

第二章　评价方法

国内外关于多指标综合评价的方法有很多，根据权重确定方法的不同，大致可分为三种：主观赋值法、客观赋值法和主客观结合赋值法。本报告采取层次分析法对教育部直属高校校办企业进行评价。

2.1　评价方法的选择

主观赋值法，如德尔菲法。这类方法多采用主观评分的定性方法，因此受到较多人为因素的影响，往往会夸大或是降低某些指标的作用，采用此方法的成本和所需要的信息量也比较大。它的优点是充分利用了专家和官员对问题的经验，缺点是不够客观科学。

客观赋值法，即根据各指标间的相关关系或是各指标变异程度来确定权重，如主成分分析法。该方法的优点在于使所采集的大量信息尽可能减少损失，而且通过数学变换将原有的多个指标转换为少数几个相互线性无关的主要分量，从而简化数据结构，并根据主成分的方差贡献率客观确定权重，避免评价指标的共线性和权重确定的人为性，使评价结果更加趋于客观合理。但其缺点也同样明显，它只能在多个观察对象间进行排序，以发现它们的相对位置以及相对差距，无法测量绝对差距。

主客观结合赋值法，如层次分析法。层次分析法的优点在于它将人的主观性用数量的形式表现出来，使之条理化、科学化，可以避免因存在主观性所产生的权重预测与实际状况不一致的情形。其缺点是由于评价过程的随机性、评价专家的不确定性及认识上的模糊性，这种方法带有很大程度的主观臆断性。此外，当同一层次的元素很多时，判断矩阵容易产生不一致，从而降低结果的可信度。

在综合分析上述三种方法的优缺点后，本报告决定采用层次分析法对教育部直属高校校办企业进行评价。针对层次分析法中的评判专家的不确定性及认识的模糊性的缺点，本报告设计了《教育部直属高校校办企业发展评价指标体系构建问卷》，交由具有深厚学识的教授和与市场紧密接触的企业高级管理人员，由他们对各层级指标的权重进行打分，避免层次分析法中各层级权重指标无法量化的缺点。在收回问卷的选择上，本报告通过对发放的600份问卷进行整理研究，在确保足够样本数的前提下对各层级指标的权重进行确定，避免在评价指标过程中指标情况出现失衡的情况。

2.2 评价方法介绍

层次分析法是指将一个复杂的多目标决策问题作为一个系统，将目标分解为多个目标或准则，进而分解为多指标（或准则、约束）的若干层次，通过定性指标模糊量化方法算出层次单排序（权数）和总排序，以作为目标（多指标）、多方案优化决策的系统方法。

2.2.1 层次分析法的优点

层次分析法的优点有以下几点：

1. 系统性的分析方法

层次分析法把研究对象作为一个系统，按照分解、比较判断、综合的思维方式进行决策，成为继机理分析、统计分析之后发展起来的系统分析的重要工具。系统思想在于不割断各个因素对结果的影响，而层次分析法中每一层的权重设置最后都会直接或间接影响到结果，而且在每个层次中的每个因素对结果的影响程度都是量化的，非常清晰、明确。这种方法尤其可用于对无结构特性的系统评价以及多目标、多准则的系统评价。

结合在评价高校校办企业过程中存在多维度、多准则的情况，层次分析法这一优点能够有效解决多维度、多准则对评价造成混乱的问题。

2. 简洁实用的决策方法

这种方法既不单纯追求高深数学，又不片面地注重行为、逻辑、推理，而是把定性方法与定量方法有机地结合起来，使复杂的系统分解，能将人们的思维过程数学化、系统化，便于人们接受，且能把多目标、多准则又难以全部量化处理的决策问题化为多层次单目标问题，通过两两比较确定同一层次元素相对于上一层次元素的数量关系后，最后进行简单的数学运算。即使是具有中等文化程度的人，也可了解层次分析的基本原理和掌握它的基本步骤，计算也经常简便，并且所得结果简单明确，容易为决策者了解和掌握。

3. 所需定量数据信息较少

层次分析法主要是从评价者对评价问题的本质、要素的理解出发，比一般的定量方法更讲求定性的分析和判断。由于层次分析法是一种模拟人们决策过程的思维方式的一种方法，层次分析法把判断各要素的相对重要性的步骤留给了大脑，只保留人脑对要素的印象，化为简单的权重进行计算。这种思想能处理许多用传统的最优化技术无法解决的实际问题。

2.2.2　层次分析法的基本步骤

层次分析法的基本步骤如下：

1. 建立层次结构模型

在深入分析教育部直属高校校办企业实际问题的基础上，本报告将有关的各个因素按照不同属性自上而下地分解成若干层次，同一层次的诸因素从属于上一层的因素或对上层因素有影响，同时又支配下一层的因素或受到下层因素的作用。最上层为目标层，通常只有一个因素，最下层通常为方案或对象层，中间可设置一个或多个层次，通常为准则层或指标层。当准则层过多时应进一步分解出子准则层。

2. 构造成对比较矩阵

从层次模型的一级指标开始，对于属于上一层每一个因素的同一层各因素，采用成对比较法和比较尺度构造对比矩阵，直到最下一层。

3. 计算权向量并做一致性检验

对于每一个成对比较矩阵计算最大特征根及对应特征向量，利用一致性指标、随机一致性指标和一致性比率做一致性检验。若检验通过，特征向量（归一化后）即为权向量；若不通过，需重新构造成对比较矩阵。

4. 计算组合权向量并做组合一致性检验

计算二级指标对目标的组合权向量，并根据公式做组合一致性检验，若检验通过，则可按照组合权向量表示的结果进行决策，否则需要重新考虑模型或重新构造那些一致性比率较大的成对比较矩阵。

在确定具体指标得分的问题上，本报告采取的是功效系数法，这种方法的优点在于可以将不同单位的指标统一在 0～100 之间，得出的分值不需要经过处理进行实证分析。选取指标在定义时均将其规定为正指标，即该指标数值越大越好，因此，本报告对于数据指标采用功效系数法处理，公式如下：

$$K_i = (X_i - X_{\min})/(X_{\max} - X_{\min}) \times 60 + 40$$

上式中，K_i 为第 i 个指标的得分，X_i 为指标的实际值，$X_{\max}$ 为行业最大值，$X_{\min}$ 为行业最小值。式中采用常数的目的是将功效系数转换为百分，理论上可以取和为 100 的任意两个数，本文取 60 和 40(基准分)。

由此，可得 $Y = \sum X_i K_i$，即可计算出各维度中每个层次的综合得分。

在计算出各层次得分的基础上，构建各维度的综合得分体系：

$$Z = \sum W_{ij} Y_{ij}$$

其中，Z 为各维度的综合得分，W_{ij} 为第 i 个企业第 j 个层次的权重，Y_{ij} 为第 i 个企业第 j 个层次的得分。

第三章　教育部直属高校校办企业创新能力评价

3.1　创新能力概述

美国经济学家熊彼特（J. A. Schumpeter）认为：创新就是“建立一种新的生产函数”，即把一种从来没有过的关于生产要素和生产条件的新组合引入生产体系。中国学者认为：创新是指以现有的思维模式提出有别于常规或常人思路的见解为导向，利用现有的知识和物质，在特定的环境中，本着理想化需要或为满足社会需求，而改进或创造新的事物，并能获得一定有益效果的行为。管理大师彼得·德鲁克则指出：“创新的行动就是赋予资源以创造财富的新能力。事实上，创新创造出新资源……凡是能改变已有资源的财富创新潜力的行为，就是创新。”2006年7月，科技部、国务院国资委、中华全国总工会三部门联合发布首批创新型试点企业名单，启动了创新型企业试点工作。企业创新能力主要是指企业运用自身可以利用的一切资源来创造新资源或者提高现有资源利用效率的一种能力，主要包括企业创新投入能力、研究开发能力、创新生产能力和创新产出能力。

3.2　高校校办企业创新能力评价体系和评价模型的构建及评价结果分析

3.2.1　校办企业创新能力指标评价体系的设计原则

企业创新能力指标评价体系的构建几乎涉及企业各部门，是一个复杂的系统工程，需要考虑创新能力的诸多影响因素。如何制定科学、系统、全面、合理的评价指标体系，直接影响着评价的公正性、有效性，这就直接涉及指标构建遵循的原则问题。本发展评价报告主要本着科学性、系统性、可操作性、可比性、定性与定量相结合的原则对指标进行选取和设计。

1. 科学性原则

评价指标的选择首先应建立在科学性和实用性的基础之上，指标体系的科学性是确保评估结果准确合理的基础。因此保证指标选取和确定的科学性是指标确定的首要原则。

2. 系统性原则

对校办企业的创新能力进行综合评价，要尽可能做到系统地揭示创新的全貌。要用系统的观点，从总目标层出发，对要素进行分解，建立完整的评价指标体系，以保证信息的完整性、评价结果的精确性和可信性，使设计的指标体系能全面、系统、客观地反映评价对象。

3. 可操作性原则

可操作性是指企业创新评价指标的设计应尽量选取规范化的定量指标，对于选取的定性指标应确定统一的标准，同时评价方法应尽可能简便易行，既能真实反映校办企业的创新能力，又能通过现有统计资料直接获取具体数据，计算方便直观，使评价建立在公正、公平、公开的基础上，确保评价结果的可信度。

4. 可比性原则

在选择指标时要充分考虑校办企业创新能力统计指标的差异，指标的名称、含义、范围和统计口径尽量标准化，以保证指标的可比性，既要考虑企业与企业之间创新能力的横向比较，也要考虑企业在不同时期自身技术创新能力的纵向比较。

5. 定性与定量相结合原则

由于定量分析的主观随意性较小，应尽可能采用。但由于影响校办企业创新能力的因素种类繁多，有些因素可以量化，但有些因素却难以量化。因此，在指标选取时，应采用定性分析和定量分析相结合的原则，以确保设计的评价指标体系全面与准确。

3.2.2　校办企业创新能力指标评价体系的构建

校办企业的创新能力需要一个完善的指标评价体系，这个体系的构建过程是一个对校办企业创新能力的各项指标逐步深化、逐步求精与完善的过程。本报告在借鉴现有文献的基础上，对指标进行了完善，结合校办企业的特殊性，建立了更具可操作性的评价指标体系，如表 3－1 所列。构建的校办企业创新能力指标体系主要包括以下四个方面：一是创新投入能力，是指企业拥有能够投入到创新过程中的各类生产技术要素的能力；二是研究开发能力，是指自主研究和开发新产品、新技术的能力；三是创新生产能力，是指企业能够将研究开发的成果转化为符合设计要求的可批量生产产品的能力；四是创新产出能力，主要是指科技成果的产出和新产品、新技术给企业带来效益的能力。

表 3－1　校办企业创新能力评价指标体系

准则层		具体评价指标
创新投入能力 U_1	U_{11}	年度研发费用投入额
	U_{12}	年度研发费用占营业收入比率
	U_{13}	承担政府相关部门的科研项目经费
	U_{14}	研发人员数量
研究开发能力 U_2	U_{21}	研发费用资本化率
	U_{22}	年开发新产品数
创新生产能力 U_3	U_{31}	科技成果转化率
	U_{32}	科技成果转化周期
创新产出能力 U_4	U_{41}	新产品营业收入占营业收入比率
	U_{42}	专利数（年授权专利数）

1. 创新投入能力

创新投入能力是指企业技术创新活动中投入资源的数量和质量，是企业技术创新能力的基础。它可以分为年度研发费用投入额、年度研发费用占营业收入的比率、承担政府相关部门的科研项目的经费和研发人员数量四个方面。

其中，按照国际通行的方法，可以将企业技术创新投入分为研发投入和非研发投入。其中，研发投入集中体现在资金投入和人员投入上。资金投入是指研究开发、新产品生产准备、新产品营销等创新过程等各个阶段所需资金的运作能力和筹集能力。人员投入是指研究开发、新产品试制、新产品生产、新产品营销所需要的设计、工艺和售后服务人员的招募、培训、调配能力。

U_{11}年度研发费用投入额：是指年度用于研究和开发项目所支出的费用总额。年度研发费用所有数据均来自财务报表。

U_{12}年度研发费用占营业收入的比率：是衡量企业技术创新能力的一个重要指标，国际上一般认为企业维持生存的指标时研发费用占营业收入的比重为2%，而要想在市场上具有竞争力，研发费用占营业收入的比重要达到5%以上。

U_{13}承担政府相关部门的科研项目数量及经费：政府科研项目的参与主体和资金支持多集中于科研院所和高等院校，而校办企业依托院校，得到政府较多的支持，而政府的大力支持对企业科技项目的资金支持以及参与科技计划项目的鼓励和支持，将会有力地促进企业科技项目和持续创新活动的顺利进行，U_{13}的数据来源于问卷。

U_{14}研发人员数量：取所有企业本科及以上学历人员数。

2. 研究开发能力指标

U_{21}研发费用资本化率：开发支出占研发费用总额的比率。开发支出项目是反映企业开发无形资产过程中能够资本化形成无形资产成本的支出部分，由“研发支出－资本化支出”明细科目的余额直接填列。

U_{22}年开发新产品数：根据科学技术部国家重点新产品计划管理办公室的定义，新产品是指：“采用新技术原理、新设计构思，研制的全新型产品，或应用新技术原理、新设计构思，在结构、材质、工艺等任一方面比老产品有重大改进，显著提高了产品性能或扩大了使用功能的改进型产品。”美国政府则兼顾创新的效益，要求创新产品“为客户创造新价值和为企业带来财务回报”。

新产品常带有明确的创造利润目的。例如，增加产品对客户的价值以提高售价，或降低产品的生产难度、提升生产效率以降低成本等。年开发新产品数均来自问卷。

3. 创新生产能力指标

U_{31}科技成果转化率：衡量科技创新成果转化为商业开发产品的指数，中国的科技成果转化率仅为10%，远低于发达国家40%的水平。科技成果转化率是指为提高生产力水平而对科学研究与技术开发所产生的具有实用价值的科技成果所进行的后续试验、开发、应用、推广直至形成新产品、新工艺、新材料，发展新产业等活动占科技成果总量的比值。具体公式为U_{31}=得到转化应用数/科技成果总量×100%

U_{32}科技成果转化周期：数据来自问卷。

4. 创新产出能力指标

U_{41}新产品营业收入占营业收入比率：新产品营业收入的数据来自问卷，营业收入来自财务报表。

U_{42}年授权专利数：数据来自问卷。中国专利法保护三种专利，即发明专利、实用新型专利和外观设计专利。研究开发的重要成果是专利，每年的专利申请数可能不是当年研究开发的成果，而是数年研究开发的产物，但持续的研究开发活动应连续不断地出现新发明（专利），此处选取年授权专利数作为创新产出能力的一项重要指标。

3.2.3 校办企业创新能力评价模型的构建

本评价报告采用层次分析法（AHP），这种方法的主要原理是将对目标或决策产生影响的因素分解成目标层、准则层和指标层，逐层进行定性、定量分析，每一层因素的权重依据判断矩阵并采用Satty法进行计算。将前面分析所得的影响因素逐项、逐层两两进行对比，建立判断矩阵，得出指标层因素对准则层因素的影响权重以及准则层对目标层因素的影响权重。

在AHP方法判断矩阵中，在同一层次元素进行两两比较时，以数字1—9标度比较结果。各数值的具体含义如表3-2所列。

表3-2 数字标度含义

标度	含 义
1	表示两个因素相比，具有同等重要性
3	表示两个因素比，一个因素比另一个因素稍微重要
5	表示两个因素比，一个因素比另一个因素明显重要

（续表）

标度	含　义
7	表示两个因素比，一个因素比另一个因素强烈重要
9	表示两个因素比，一个因素比另一个因素极端重要
2，4，6，8	上述两相邻判断的中值

本过程数据来源于调查问卷中专家组打分的加权平均值，即该分值越大，重要性越强。表3－3为对校办企业创新能力评价体系的4个一级指标建立的判断矩阵：

表3－3　指标类别两两比较矩阵

U	U_1	U_2	U_3	U_4
U_1	1	1	3	1/2
U_2	1	1	4	1
U_3	1/3	1/4	1	1/5
U_4	2	1	5	1

Satty给出的计算公式如下：

① 表3－3中每行元素连乘并开平方

$$\omega_i * = \sqrt[4]{\prod_{j=1}^{4} u_{ij}} \quad i=1，2，3\cdots n$$

② 求权重

$$\omega_i = \omega_i * / \sum_{i=1}^{4} \omega_i * \quad i=1，2，3\cdots n$$

③ 表3－3中每列元素求和

$$s_j = \sum_{i=1}^{4} u_{ij} \quad i=1，2，3\cdots n$$

④ 计算的值

$$\lambda_{max}=\sum_{i=1}^{n} wi_{sj} \quad i=1, 2, 3\cdots n$$

通过以上公式计算可得，$\omega=[0.2376, 0.3036, 0.0770, 0.3818]^4$；$\lambda_{max}=4.0469$，CI=0.0156，RI=0.9，CR=0.0173<0.1，即判断矩阵的计算结果均通过一致性检验。同理，可以对四类二级指标分别建立判断矩阵，计算后得出各指标的权重见表 3－4。

表 3－4　校办企业创新能力评价指标权重

准则层	权重	具体评价指标	单个权重	综合权重
创新投入能力	0.2376	年度研发费用投入额	0.4002	0.0951
		年度研发费用占营业收入比率	0.3003	0.0714
		承担政府相关部门的科研项目经费	0.1997	0.0474
		研发人员数量	0.0998	0.0237
研究开发能力	0.3036	研发费用资本化率	0.7509	0.2280
		年开发新产品数	0.2491	0.0756
创新生产能力	0.0770	科技成果转化率	0.8333	0.0642
		科技成果转化周期	0.1666	0.0128
创新产出能力	0.3818	新产品营业收入占营业收入比率	0.8000	0.3054
		专利数（年授权专利数）	0.2000	0.0764

3.2.4　校办企业创新能力评价结果与分析

（1）从表 3－5 可以看出，教育部直属高校校办企业研发费用投入额排名前五位企业为北大方正集团有限公司、同方股份有限公司、东软集团股份有限公司、华工科技产业股份有限公司、清控人居建设有限公司，前五位企业研发费用投入总额为 36.58 亿元，占教育部直属高校校办企业研发费用投入总额 47.41 亿元的 77.15%。

表 3－5　研发费用投入额排名　　单位：万元

排名	公司名称	研发费用支出
1	北大方正集团有限公司	182 063
2	同方股份有限公司	97 559
3	东软集团股份有限公司	60 405
4	华工科技产业股份有限公司	14 163
5	清控人居建设有限公司	11 568
6	博奥生物集团有限公司	7376
7	武汉天喻信息产业股份有限公司	7369
8	武汉华中数控股份有限公司	6564
9	北京北大青鸟软件系统有限公司	6482
10	清控创业投资有限公司	5466
11	中山大学达安基因股份有限公司	5431
12	同济大学建筑设计研究院（集团）有限公司	5000
13	浙江大学建筑设计研究院有限公司	2827
14	诚志股份有限公司	2477
15	武汉华工正源光子技术有限公司	2455
16	山东山大电力技术有限公司	2186
17	山东地纬计算机软件有限公司	2180
18	山东达因海洋生物制药股份有限公司	2103
19	上海昂立教育科技有限公司	2086
20	中南大学粉末冶金工程研究中心有限公司	1790

（2）从表 3－6 可以看出，排名前 20 位的公司 2013 年度研发费用占营业收入的比例都超过 10%。其中，研发费用占营业收入的比例超过 30%的公司有 9 家，超过 80%的有 2 家，分别是武汉理工新能源有限公司和北京北大明德科技发展有限公司。占比较高的企业多为能源、科技与生物医药类公司。

表 3－6　研发费用占营业收入比例排名

排名	公司名称	研发费用占营业收入的比例（%）
1	武汉理工新能源有限公司	82.47
2	北京北大明德科技发展有限公司	80.26
3	北京开元数图科技有限公司	61.66
4	武汉数字媒体工程技术有限公司	53.04
5	山东地纬数码科技有限公司	45.84
6	北京交大科技发展中心	35.45
7	天津渤海高科科技有限公司	34.37
8	博奥生物集团有限公司	31.80
9	广东华南理工大学造纸与污染控制国家工程研究中心	31.50
10	广州中大中鸣科技有限公司	28.47
11	长春市气辅科技开发有限公司	21.10
12	北京市富通环境工程有限公司	19.79
13	北京北大英华科技有限公司	18.17
14	山东山大鸥玛软件有限公司	16.04
15	合肥工大复合材料高新技术开发有限公司	13.72
16	上海外教社信息技术有限公司	13.50
17	武汉华中数控股份有限公司	13.13
18	北外在线（北京）教育科技有限公司	12.12
19	山东地纬计算机软件有限公司	10.80
20	山东山大电力技术有限公司	10.78

（3）从表 3－7 可以看出，不同企业承担政府相关部门科研经费金额差距较为明显。科研经费排名超过 5000 万的企业有 2 家，分别是北大方正集团有限公司和中山大学达安集团股份有限公司，超过 1000 万的企业有 13 家。排名前 20 位的公司平均承担政府科研项目经费为 1895 万元。

表 3-7　承担政府相关部门科研经费排名　　单位：万元

排名	公司名称	承担政府科研项目经费总额
1	北大方正集团有限公司	6400
2	中山大学达安集团股份有限公司	5346
3	北京语言大学出版社有限公司	2524
4	外语教学与研究出版社有限责任公司	2500
5	同方股份有限公司	2390
6	武汉华中数控股份有限公司	2058
7	上海国佳生化工程技术研究中心有限公司	2040
8	武汉天喻信息产业股份有限公司	1895
9	山东石大科技集团有限公司	1830
10	华工科技产业股份有限公司	1670
11	博奥生物集团有限公司	1523
12	清华大学出版社有限公司	1412
13	吉林吉大通信设计院股份有限公司	1100
14	诚志股份有限公司	889
15	上海同济科技园孵化器有限公司	888
16	深圳方正微电子有限公司	777
17	武汉开目信息技术有限责任公司	760
18	重庆迪帕数字传媒有限公司	670
19	中国药科大学制药有限公司	642
20	武汉数字媒体工程技术有限公司	585

(4) 从表 3-8 可以看出，各企业本科及以上学历人数排名差异较大，前五位公司本科及以上学历人数共计 10897 人，占参加统计公司总人数 12588 人的 86.6%。北京大学和清华大学旗下各公司拥有本科及本科以上学历的人数都超过 1000 人，高素质人才积聚效应较为明显，为企业创新提供扎实的基础和新颖

的观点，保持企业创新优势。排名靠后企业受自身规模与行业特点的影响，研发人员数量相对较少。

表 3-8 研发人员数量排名 单位：人

排名	公司名称	本科及以上学历人数
1	北大方正集团有限公司	4451
2	清控人居建设（集团）有限公司	2313
3	北大方正信息产业集团有限公司	1612
4	同方股份有限公司	1589
5	华工科技产业股份有限公司	932
6	外语教学与研究出版社有限责任公司	620
7	北大医疗产业集团有限公司	507
8	武汉天喻信息产业股份有限公司	284
9	同济大学建筑设计研究院（集团）有限公司	264
10	博奥生物集团有限公司	183
11	吉林吉大通信设计院股份有限公司	166
12	上海交大安地规划建筑设计有限公司	164
13	武汉开目信息技术有限责任公司	157
14	长春吉大正元信息技术股份有限公司	155
15	武汉华中数控股份有限公司	148
16	深圳方正微电子有限公司	133
17	上海外语教育出版社有限公司	106
18	华南理工大学建筑设计研究院	103
19	山东山大电力技术有限公司	100
20	北京师范大学出版社（集团）有限公司	100

（5）从表 3-9 可以看出，排名前三位企业在研发费用资本化方面要明显优于其他企业，排名靠后的企业研发费用资本化率仅为 2.48%，与排名靠前的企业相比有较大差距。

表 3-9 研发费用资本化率

排名	公司名称	研发费用资本化率（%）
1	中山大学达安基因股份有限公司	69.92
2	同方股份有限公司	65.10
3	华工科技产业股份有限公司	44.33
4	北京清能创新科技有限公司	27.79
5	清控创业投资有限公司	20.06
6	北大方正集团有限公司	4.64
7	武汉华中数控股份有限公司	2.48

（6）从表 3-10 可以看出，2013 年新产品数量超过 10 个的有 8 家公司，排名前 20 的位公司平均新产品数量为 17.9 个。其主要原因为排名前 3 位的公司 2013 新产品数量远远高于平均值，从而拉高了整体的平均水平。其中，表现最好的公司为北大方正集团有限公司，新产品数量为 98 个，其次为华工科技产业股份有限公司，新产品数为 65 个。

表 3-10 年开发新产品数 单位：个

排名	公司名称	2013 新产品数量
1	北大方正集团有限公司	98
2	华工科技产业股份有限公司	65
3	上海交大昂立股份有限公司	47
4	山东山大电力技术有限公司	15
5	山东中石大石仪科技有限公司	15
6	上海同济建设工程质量检测站	14
7	长春吉大正元信息技术股份有限公司	11
8	广东华欧焊接工程研究中心	11
9	长春吉大·小天鹅仪器有限公司	9
10	武汉开目信息技术有限责任公司	9

（续表）

排名	公司名称	2013 新产品数量
11	中山大学达安集团股份有限公司	8
12	吉林省汽车零部件研发中心有限公司	8
13	广州中大中鸣科技有限公司	8
14	上海交大高新技术股份有限公司	8
15	中国药科大学制药有限公司	6
16	华东师范大学科教仪器厂	6
17	北京化大化新科技股份有限公司	6
18	沈阳东创贵金属材料有限公司	5
19	上海复旦天欣科教仪器有限公司	5
20	上海铁大电信科技股份有限公司	4

（7）从表 3－11 可以看出，排名前 30 名的企业科技成果转化率都为 1，排名前 30 名的公司在这方面表现良好。

表 3－11 科技成果转化率排名

排名	公司名称	科技成果转化率
1	北大方正集团有限公司	1
2	武汉华中数控股份有限公司	1
3	上海国佳生化工程技术研究中心有限公司	1
4	山东石大科技集团有限公司	1
5	华工科技产业股份有限公司	1
6	武汉数字媒体工程技术有限公司	1
7	同济汽车设计研究院有限公司	1
8	北京首科兴业工程技术有限公司	1
9	华南理工大学建筑设计研究院	1
10	上海交大昂立股份有限公司	1

（续表）

排名	公司名称	科技成果转化率
11	武汉理工新能源有限公司	1
12	华东理工大学华昌聚合物有限公司	1
13	北京矿大能源安全科技有限公司	1
14	东北大学技术转移中心	1
15	上海华明高技术（集团）有限公司	1
16	广州市家庭医生在线信息有限公司	1
17	长春吉大正元信息技术股份有限公司	1
18	山东山大电力技术有限公司	1
19	东北大学设备诊断工程中心	1
20	上海同济建设工程质量检测站	1
21	成都艾格机电设备有限责任公司	1
22	上海铁大电信科技股份有限公司	1
23	北京开元数图科技有限公司	1
24	广州市家庭医生在线信息有限公司	1
25	广州中大中鸣科技有限公司	1
26	上海复旦天欣科教仪器有限公司	1
27	武汉华中大技术转移有限公司	1
28	广州中大中鸣科技有限公司	1
29	上海同济工程咨询有限公司	1
30	山东石大胜华化工集团股份有限公司	1

（8）从表3-12可以看出，大部分企业科技成果转化周期为12个月，转化周期最短的为3个月，最长的为48个月。个别公司所研究的项目具有一定的开创性与复杂性，在科技成果转换过程中会遇到困难，导致实现科技成果转换周期较长，科技成果转换周期过长会导致企业生产经营过程中资金流转出现困难。排名前20名的企业平均科技成果转换周期为15.25个月。

表 3-12　科技成果转化周期排名　　单位：月

排名	公司名称	2013 年科技成果转化周期
1	江苏河海工程技术有限公司	48
2	无锡北邮感知技术产业研究院有限公司	36
3	上海华明高技术（集团）有限公司	36
4	广州绿色盈康生物工程有限公司	36
5	中山大学达安集团股份有限公司	30
6	上海交大昂立股份有限公司	30
7	东北大学技术转移中心	24
8	同方股份有限公司	18
9	同济汽车设计研究院有限公司	18
10	广州中大中鸣科技有限公司	18
11	北京矿大能源安全科技有限公司	15
12	武汉华中数控股份有限公司	12
13	上海国佳生化工程技术研究中心有限公司	12
14	博奥生物集团有限公司	12
15	武汉开目信息技术有限责任公司	12
16	广东华南理工大学造纸与污染控制国家工程研究中心	12
17	沈阳东创贵金属材料有限公司	12
18	长春吉大·小天鹅仪器有限公司	12
19	北京首科兴业工程技术有限公司	12
20	华南理工大学建筑设计研究院	12
21	武汉理工新能源有限公司	12
22	北京北邮信息网络产业研究院有限公司	12
23	山东中石大石仪科技有限公司	12
24	杨凌华逸科技发展有限公司	12

（续表）

排名	公司名称	2013 年科技成果转化周期
25	长春吉大正元信息技术股份有限公司	12
26	北京北大明德科技发展有限公司	12
27	东北大学设备诊断工程中心	12
28	上海同济建设工程质量检测站	12
29	北京北语大教育科技有限公司	12
30	上海复旦天欣科教仪器有限公司	12

（9）从表 3－13 可以看出，排名靠前的公司与排名靠后的公司在该项指标上的差异明显。新产品营业收入占营业收入比例表现最好的公司为上海国佳生化工程技术研究中心有限公司，占比超过 95％。新产品营业收入占营业收入比例超过 50％的企业有 8 家，占比超过 10％的企业有 16 家。

表 3－13　新产品营业收入占营业收入比例排名

排名	公司名称	新产品营业收入占营业收入比例（％）
1	上海国佳生化工程技术研究中心有限公司	95.83
2	华东师范大学科教仪器厂	84.43
3	上海同济建设工程质量检测站	71.85
4	山东山大电力技术有限公司	66.99
5	武汉数字媒体工程技术有限公司	65.34
6	北京化大群星科技公司	57.03
7	华工科技产业股份有限公司	53.65
8	广东华南理工大学造纸与污染控制国家工程研究中心	50.77
9	中国矿业大学出版社有限责任公司	43.92
10	北京北大明德科技发展有限公司	36.07

（续表）

排名	公司名称	新产品营业收入占营业收入比例（%）
11	江苏河海工程技术有限公司	33.13
12	广州中大中鸣科技有限公司	32.95
13	博奥生物集团有限公司	29.54
14	武汉开目信息技术有限责任公司	24.99
15	成都艾格机电设备有限责任公司	18.71
16	南京大学出版社有限公司	12.68
17	沈阳东创贵金属材料有限公司	8.68
18	同济汽车设计研究院有限公司	7.69
19	广州华工信息软件有限公司	6.34
20	上海复旦天欣科教仪器有限公司	5.49

（10）从表3-14可以看出，各公司在获取授权专利数的表现上反差很大，排名前50位的公司仅有15家公司获得授权专利数超过10个。在获取授权专利数方面，表现优秀的公司为北大方正集团有限公司和同方股份有限公司，两家公司分别获得了172个和145个专利，体现了其强大的研发创新能力。

表3-14　年授权专利数　　单位：个

排名	公司名称	2013年授权专利数
1	北大方正集团有限公司	172
2	同方股份有限公司	145
3	沈阳东大材料先进制备技术工程研究中心	41
4	长春吉大·小天鹅仪器有限公司	40
5	北大方正信息产业集团有限公司	39
6	山东中石大石仪科技有限公司	27
7	诚志股份有限公司	25

（续表）

排名	公司名称	2013年授权专利数
8	北京语言大学出版社有限公司	24
9	北京北邮科技园有限公司	24
10	北京北邮信息网络产业研究院有限公司	18
11	中财大投资顾问（北京）有限公司	15
12	同济大学建筑设计研究院（集团）有限公司	12
13	广州华工机动车检测技术有限公司	12
14	上海交大高新技术股份有限公司	11
15	上海城市污染控制工程研究中心有限公司	10
16	上海世渊环保科技有限公司	8
17	北京矿大能源安全科技有限公司	7
18	东北大学技术转移中心	6
19	北京科大中冶技术发展有限公司	6
20	中山大学达安基因股份有限公司	5
21	上海同济工程咨询有限公司	5
22	广州市家庭医生在线信息有限公司	5
23	上海交大昂立股份有限公司	4
24	上海铁大电信科技股份有限公司	4
25	武汉华中大技术转移有限公司	4
26	北京吉大瑞博光电科技有限公司	4
27	同济汽车设计研究院有限公司	3
28	江苏河海工程技术有限公司	3
29	中山大学达安集团股份有限公司	2
30	长春吉大正元信息技术股份有限公司	2
31	广州中大中鸣科技有限公司	2
32	上海复旦天欣科教仪器有限公司	2

（续表）

排名	公司名称	2013年授权专利数
33	东北大学设备诊断工程中心	2
34	广州市家庭医生在线信息有限公司	2
35	北京中传英才教育科技有限公司	2
36	广州中大南沙科技创新产业园有限公司	2
37	华东师范大学科教仪器厂	2
38	博奥生物集团有限公司	1
39	上海国佳生化工程技术研究中心有限公司	1
40	武汉理工新能源有限公司	1
41	山东山大电力技术有限公司	1
42	广州绿色盈康生物工程有限公司	1
43	山东石大科技集团有限公司	1
44	华东理工大学华昌聚合物有限公司	1
45	山东石大胜华化工集团股份有限公司	1
46	武汉华中数控股份有限公司	1
47	武汉天喻信息产业股份有限公司	1
48	深圳方正微电子有限公司	1
49	北京交大创新科技中心	1
50	北京科大朗涤环保工程技术有限公司	1

（11）从表3－15可以看出，校办企业创新投入能力得分最高的为北大方正集团有限公司，本报告是从四个指标来综合反映校办企业的创新投入能力，而北大方正集团有限公司在其中的三个指标即年度研发费用投入额、承担政府相关部门的科研项目经费和研发人员数量中排名均为第一。方正集团成立至今，已成为拥有IT、医疗医药、房地产、金融、大宗商品交易五大产业的投资控股集团，始终秉承“持续创新、敢为人先、追求卓越、标新立异”的企业价值理念，在创新方面堪称其他校办企业的典范。

表3-15　校办企业的创新投入能力综合排名

序号	单　位	得分
1	北大方正集团有限公司	82.55
2	同方股份有限公司	60.25
3	武汉理工新能源有限公司	58.26
4	北京北大明德科技发展有限公司	57.55
5	北京开元数图科技有限公司	53.55
6	武汉数字媒体工程技术有限公司	52.56
7	博奥生物集团有限公司	50.81
8	山东地纬数码科技有限公司	50.01
9	东软集团股份有限公司	49.72
10	华工科技产业股份有限公司	47.79
11	北京交大科技发展中心	47.76
12	天津渤海高科科技有限公司	47.55
13	广东华南理工大学造纸与污染控制国家工程研究中心	46.89
14	广州中大中鸣科技有限公司	46.25
15	武汉天喻信息产业股份有限公司	45.97
16	外语教学与研究出版社有限责任公司	45.70
17	长春市气辅科技开发有限公司	44.60
18	北京市富通环境工程有限公司	44.35
19	北京北大英华科技有限公司	44.04
20	武汉华中数控股份有限公司	43.72

（12）从表3-16可以看出，排名前三位的中山大学达安基因股份有限公司、同方股份有限公司和华工科技产业股份有限公司差距不大。本报告主要通过研发费用资本化率和年开发新产品数两个指标来评价校办企业的研究开发能力，专家打分的结果认为，研发费用资本化率在研究开发能力中所占权重较大，中山大学达安基因股份有限公司的研发费用资本化率排名第一。

表 3－16 校办企业的研究开发能力综合排名

序号	单 位	得分
1	中山大学达安基因股份有限公司	85.06
2	同方股份有限公司	81.95
3	华工科技产业股份有限公司	78.43
4	北大方正集团有限公司	57.94
5	北京清能创新科技有限公司	57.91
6	清控创业投资有限公司	52.93
7	山东山大电力技术有限公司	42.16
8	武汉华中数控股份有限公司	41.60
9	广州中大中鸣科技有限公司	41.08
10	华东师范大学科教仪器厂	40.77
11	中国药科大学制药有限公司	40.77
12	沈阳东创贵金属材料有限公司	40.62
13	上海复旦天欣科教仪器有限公司	40.62
14	广州绿色盈康生物工程有限公司	40.31
15	北京化大群星科技公司	40.31
16	广州中大南沙科技创新产业园有限公司	40.31
17	武汉理工新能源有限公司	40.00
18	北京北大明德科技发展有限公司	40.00
19	北京开元数图科技有限公司	40.00
20	武汉数字媒体工程技术有限公司	40.00

（13）由表 3－17 可以看出，校办企业的创新生产能力 90 分以上的有 10 家，由表 3－11 科技成果转化率排名可知，校办企业在创新生产能力方面表现均良好，同时校办企业十分注重科技成果的转化，因此在创新生产能力的综合排名上相差甚微。

表 3－17　校办企业的创新生产能力综合排名

序号	单　　位	得分
1	广州中大中鸣科技有限公司	93.33
2	上海复旦天欣科教仪器有限公司	92.00
3	武汉理工新能源有限公司	92.00
4	华南理工大学建筑设计研究院	92.00
5	北京首科兴业工程技术有限公司	92.00
6	北大方正集团有限公司	91.11
7	武汉数字媒体工程技术有限公司	91.11
8	华工科技产业股份有限公司	90.66
9	山东山大电力技术有限公司	90.66
10	北京开元数图科技有限公司	90.00
11	同方股份有限公司	77.77
12	北京北大明德科技发展有限公司	75.33
13	广州绿色盈康生物工程有限公司	72.33
14	无锡北邮感知技术产业研究院有限公司	62.33
15	中国药科大学制药有限公司	60.00
16	博奥生物集团有限公司	51.52
17	沈阳东创贵金属材料有限公司	42.00
18	中山大学达安基因股份有限公司	40.00
19	北京清能创新科技有限公司	40.00
20	清控创业投资有限公司	40.00

（14）由表 3－18 可以看出，华东师范大学科教仪器厂排名第一，本报告是通过新产品营业收入占营业收入比率和专利数（年授权专利数）两个指标来衡量创新产出能力，新产品收入状况体现了企业将创新成果转化为实际经济效益的能力，是企业进行创新活动的直接目的，也是企业创新能力和经营管理能力的综合反映。

表 3－18 校办企业的创新产出能力综合排名

序号	单　　位	得分
1	华东师范大学科教仪器厂	82.34
2	山东山大电力技术有限公司	73.49
3	武汉数字媒体工程技术有限公司	72.66
4	北京化大群星科技公司	68.49
5	华工科技产业股份有限公司	66.79
6	北京北大明德科技发展有限公司	57.95
7	广州中大中鸣科技有限公司	56.45
8	博奥生物集团有限公司	54.66
9	北大方正集团有限公司	52.04
10	同方股份有限公司	50.11
11	沈阳东创贵金属材料有限公司	44.17
12	上海复旦天欣科教仪器有限公司	42.64
13	诚志股份有限公司	42.52
14	同济大学建筑设计研究院（集团）有限公司	40.77
15	广州绿色盈康生物工程有限公司	40.59
16	中山大学达安基因股份有限公司	40.28
17	广州中大南沙科技创新产业园有限公司	40.07
18	武汉理工新能源有限公司	40.00
19	华南理工大学建筑设计研究院	40.00
20	北京首科兴业工程技术有限公司	40.00

（15）从表 3－19 可以看出，创新能力排名前三位的企业分别为华工科技产业股份有限公司、同方股份有限公司、北大方正集团有限公司，3 家公司的得分都超过 60 分。从具体得分指标来看，这 3 家科技型公司的各单项排名都位居

前列。得分在50～60分之间的公司有7家，这7家公司的得分都比较接近。排名前20位的公司中，北京市有9家，广东省有4家，湖北省有3家。

表3－19 校办企业的创新能力综合排名

排名	公司名称	得分
1	华工科技产业股份有限公司	67.65
2	同方股份有限公司	64.31
3	北大方正集团有限公司	64.09
4	武汉数字媒体工程技术有限公司	59.39
5	山东山大电力技术有限公司	57.99
6	华东师范大学科教仪器厂	56.82
7	中山大学达安基因股份有限公司	54.30
8	北京北大明德科技发展有限公司	53.74
9	广州中大中鸣科技有限公司	52.20
10	北京化大群星科技公司	51.05
11	博奥生物集团有限公司	49.05
12	武汉理工新能源有限公司	48.34
13	北京开元数图科技有限公司	47.07
14	北京清能创新科技有限公司	46.01
15	上海复旦天欣科教仪器有限公司	45.40
16	清控创业投资有限公司	44.60
17	华南理工大学建筑设计研究院	44.29
18	北京首科兴业工程技术有限公司	44.27
19	广州绿色盈康生物工程有限公司	43.18
20	山东地纬数码科技有限公司	42.38

3.3 案例分析

3.3.1 公司简介

华工科技产业股份有限公司是国家重点高新技术企业和国家“863”高技术成果产业化基地。公司成立于1999年7月28日，2000年在深圳证券交易所上市，是华中地区第一家由高校产业重组上市的高科技公司，拥有多家国家级科研机构。公司主要从事激光器、激光加工设备及成套设备、激光全息综合防伪标识及包装材料、敏感电子元器件、光通信器件与模块等技术与产品的研究、开发、生产与销售；拥有多家国家级科研机构，并在美国、澳大利亚和以色列等国家设有研发中心，产品出口到世界20个国家和地区。

华工科技产业园地处“武汉·中国光谷”腹地，占地面积500余亩，建筑面积达5万平方米。目前该产业园已建成国内规模最大的激光加工设备生产基地、国内最大的激光全息防伪产品生产基地、敏感陶瓷电子元器件生产基地、一流的光有源器件光收发模块生产基地和国家中药产业化示范基地。作为国家重点高新技术企业，华工科技拥有激光技术国家重点实验室、激光加工国家工程研究中心、国家防伪工程技术研究中心、教育部敏感陶瓷工程研究中心等国家级科研机构，并且在美国、澳大利亚和以色列等国家设有研发中心，依靠完善的技术创新体系，不断利用自身核心技术开发具有国际竞争力的产品，以持续的技术创新实现公司的可持续发展。

未来，华工科技将通过实施三大战略——自主创新战略、品牌战略和国际化战略，实现企业可持续发展，实现“在光电子、信息安全与防伪领域，代表国家竞争力，具有国际竞争力”的奋斗目标。

3.3.2 公司创新能力现状与评价

从综合排名来看，华工科技产业股份有限公司总分为67.65，位列第一，创新能力最强，主要表现在研发费用投入额、承担政府相关部门的科研项目经费、研发费用资本化率、年开发新产品数和新产品营业收入占营业收入比例五项指标均在前十名。

华工科技拥有国家级企业技术中心、院士专家工作站等国家级科研平台，与华中科技大学共建激光加工国家工程研究中心、国家防伪工程技术研究中心、教育部敏感陶瓷工程研究中心等国家级科研机构，牵头成立国家激光产业技术创新战略联盟，是全国光辐射安全标准委员会大功率激光器及应用分技术委员会秘书处单位，同时在澳大利亚等国家设有海外研发中心。公司拥有研发场地面积 10100 平方米，技术开发仪器设备原值 2.5 亿元。公司技术创新已成为企业竞争战略的核心内容，企业技术创新工作稳步推进，成效显著，公司科技成果的转化率一直处于国内先进水平，培育了许多具有国内领先和世界先进水平的科研成果。2013 年完成新技术、新产品、新工艺开发 46 项，申请专利 65 项，其中发明专利 23 项。

第四章　教育部直属高校校办企业治理能力评价

4.1　治理能力概述

4.1.1　校办企业的治理能力

公司治理，从广义角度理解，是研究企业权力安排的一门科学；从狭义角度理解，是居于企业所有权层次，研究如何授权给职业经理人并针对职业经理人履行职务行为、行使监管职能的科学。校办企业管理体制是指由国家或学校对校办企业活动采取的管理制度、组织形式和管理方式的总称。我国高校校办企业管理体制大体上包括以下三个方面的内容：

（1）经营管理制度，规定学校、企业和劳动者各自的经济责任，划分各级的经济权力，分配和调节各方面的经济利益以及规定不同的经营方式。

（2）管理的组织形式，包括根据校办企业管理职能设立的各级经济管理机构以及按照产业化生产的内在联系所建立起来的各类经济组织。

（3）校办企业的管理方式，即以企业面向市场、市场引导企业的方式管理。

4.1.2　校办企业的管理模式

由于我国高校数量众多，包括综合性大学、工科院校、农科院校等十三个大类，学科专业较为复杂，隶属关系和地理位置各异，使各校校办企业多种多样、各具特色。各个学校都根据自身的实际情况建立了具有本校特色的校办企业管理体制和运行机制，综合起来，按学校对校办企业的宏观管理体制，大致可划分为以下几种形式：

1. 校长分管的模式

校办企业是一个总的概念，即学校办的各种类型、各个层次的经济实体的总称，在实际工作中，包括校办企业、院办企业以及对外联办企业。从管理体制上看，校办企业没有成型的机构或组织，整体协调性较差，在管理制度上也不够健全，缺乏必要的监督检查；在经营管理上，缺乏总体规划，各自为政，急功近利，不能充分发挥学校的整体科技力量的优势；在思想认识和思想观念上，还没有把发展校办企业摆到办学的战略高度来认识。这种管理体制大多被一些校办企业规模小、数量小、刚起步的学校所采用，如一些文科院校。这些学校由于校办企业的发展还处于起步阶段，规模比较小，矛盾和缺点不很突出，这种管理体制尚能维持其发展；如果对于校办企业具有相当规模的学校，这种管理体制势必要阻碍校办企业的发展和水平的提高。这种模式在 20 世纪 50 年代的校办工厂发展时期比较多，在各校的样办企业初创期也较多，由于制约企业发展的因素较多，目前已基本上被淘汰。

2. 职能部门管理的模式

有些学校设立产业处，或者其他名称的管理机构，其职责是按照行政管理职能部门的管理模式确定的。它是类似于学校其他部处、以提供公共服务而不以营利为目的的管理。其管理职能虽然也包括规划、组织、用人、指挥和控制等方面的工作，但是它的出发点和归宿不同于企业管理，其对于组织、人事的管理很大程度上还是学校人事部门的事业管理模式。企业管理与行政的职能管理相比，不仅内容不一样，而且有两个显著不同的特点：一是经营决策。经营决策是现代企业管理的中心问题，这对高等学校是一个薄弱环节，也缺乏这方面的人才。二是把研发新产品和进行技术改造作为企业发展的核心问题。这些是一般行政管理难以做到的。行政管理虽然在过去以教学实习为主要任务的校办工厂的管理中发挥过作用，但是，由于各个行政管理部门对企业均执行管理，形成多头领导，目前只有一些产业规模较小的学校仍然采用这种模式。

3. 企业化管理的模式

有些学校设立生产委员会，或者称为校办企业管理委员会，管理委员会由学校主管领导担任主任，相关职能部门负责人和企业实体代表为委员并设立办公室作为常设办事机构，统一管理所有校办企业。在这种体制下，各种经济实体的生产经营是相对独立的，实行厂长经理负责制，管理委员会的管理职责范围比较广，包括制定学校有关产业发展的规划、政策、条例等，对企业实行宏观管理，负责校内外企业之间的合作与联营、技术开发、财务与经营决策，以及校内教学科研与生产之间的协调等。这种模式较好地解决了学校事业管理与校办企业的企业化管理之间的矛盾，在一定程度上放宽了对企业的日常管理而保留了宏观管理职能，但其管理虽然形式上是企业化的，内容仍然是带有较浓厚的行政管理的色彩，目前仅有少数高校企业采用这种管理模式。

4. 集团管理的模式

有些学校设立科技开发总公司，或者类似的企业集团公司。它是把全校生产、经营实体按照参股的方式将集团成员组织起来，实行统一经营管理、统一核算盈亏的经济组织，它具有管理和经营的双重职能（见图 4－1）。这种体制具有以下三种基本特征：一要受校长的委托，具有法人资格；二是实行独立核算，具有独立经营的权力，同时必须承担相应的经济责任，公司下属企业一般也实行两级核算；三是对所属企业的供产销、人财物实行程度不同的统一计划和统一管理。这种总公司的管理体制为实现一校两制奠定了基础，同时也有利于学校对产业的宏观调控，便于企业的融资和投资，提高规模效益。值得指出的是，有的学校虽然设立了科技开发总公司，但由于其总公司是纯经营性企业，不具有管理职能，因而不算作集团化管理模式。

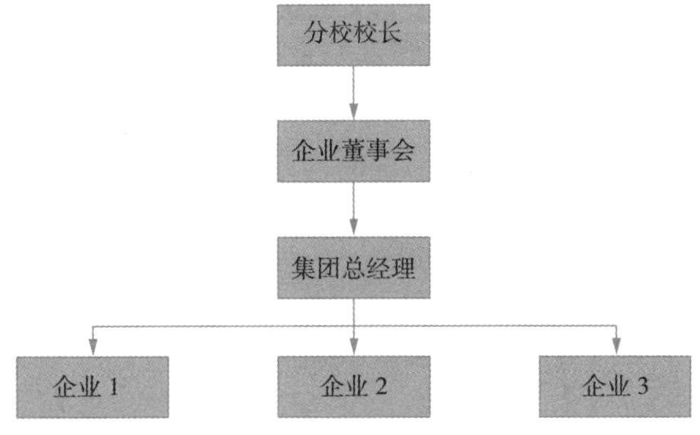

图 4－1　集团管理模式

5. 股份制管理的模式

有些学校将学校投入的资金、机器设备以及科技成果等资产作价与社会合办成股份制企业，这是一种新的管理体制。它使校办企业最终摆脱了学校的行政干预，成为真正的社会企业，有利于校办企业同国际规范要求接轨，与其他管理体制相比具有很多优点。首先，企业可筹集到巨额的资金，便于将一些高新技术形成规模产业；其次，由于股份制企业在我国还属于一种新的企业形式，管理手段比较先进，股票上市后企业还可大大提高知名度，增强了企业的竞争能力。高等学校推行股份制也存在一些问题，如企业风险增大，也增大了企业失控的危险性等。但是，高校企业推行股份制是今后的发展方向。高校企业仍处于发展阶段，其管理体制究竟采用什么体制好，各个学校根据自己的不同情况，实行不同的管理体制和管理模式，至今还没有一个统一的认识和公认的模式。尽管人们在采用何种体制上有不同的见解，但是，有些共同的原则是可以取得共识的。

4.2 高校校办企业治理能力评价体系和评价模型的构建及评价结果分析

4.2.1 校办企业治理能力指标评价体系的设计原则

1. 整体性原则

校办企业治理能力评价是衡量整个企业协调内部各要素能力的一个管理过程，在开展评价的过程中一定要遵循整体性原则，从校办企业发展的整体情况出发，以校办企业战略目标为导向，全面分析、识别校办企业在发展壮大过程中的各项关键要素，对涉及的所有关键要素实施评价。

2. 系统性原则

校办企业治理能力指标评价体系是一个具有多级次的多指标体系，在实施治理能力评价的过程中，要遵循系统性原则。所谓系统性主要体现在以下几点：（1）评价过程要有明确的目标，把实现校办企业内部的协调发展，保持所有关键要素处于协调治理状态作为校办企业治理评价的首要目标；（2）评价的过程要体现系统的层次性，对于校办企业治理能力评价的层级指标评价要按照由低到高的层次逐级实施评价，以保证评价的科学性；（3）评价过程要注重各指标之间的相互关联性，绝不能孤立地对待各项指标。

3. 可操作性原则

校办企业治理能力指标评价体系是针对利于企业治理能力改善的目的而开

发设计的，是完全可以运用到现实管理工作当中的一项管理工具。所以在具体开展评价的过程中一定要注意指标体系的可操作性，体系内具体各项指标可以按照评价主体的具体情况而进行动态的调整，增加或减少各级次指标的内涵和数量，以保证评价结果可以真实地反映校办企业治理能力的现状。

4.2.2 校办企业治理能力指标评价体系的构建

高校校办企业要有长足发展，除了要发挥学校的科技和人才优势，充分利用学校的各种资源外，还必须按照现代企业制度不断完善和规范校办企业的经营和管理，提高公司治理的有效性。公司治理的有效性是指能够实现公司治理各个要素功能的综合发挥，有效降低代理成本，从而保证公司绩效持续不断提高，公司价值不断增长，强化公司竞争能力和管理效能，以保障股东和其他利益相关者利益的有效安排。本报告主要从公司制度完善性、激励机制、运营合规性、信息披露机制四个维度评估高校校办企业的公司治理水平。

1. 公司制度完善性

现代企业制度的核心在于建立高效的公司治理制度，良好的公司治理是企业竞争能力和盈利水平的反映和重要保障，它能够给企业带来超过市场平均回报水平的收益，并能够为治理水平高的公司支付一定的溢价，因而公司治理的完善性显得尤为重要。本报告选用衡量公司制度完善性的指标包括：（1）公司治理结构合规性，是指公司总经理与董事长是否两职分离以及内部管理制度是否能得到严格执行；（2）内部控制完善性，是指公司对内部控制建设与执行情况的自我评价；（3）校办企业兼职人数，是指校办企业兼职人员中行政和技术人员的数量。

2. 激励机制

高校校办企业在管理中应充分调动职工的积极性，建立健全激励约束机制，使企业管理层报酬与企业经济效益相称。本报告选用衡量激励机制的指标包括：（1）高管股权激励，是指是否对公司高管提出或实施股权激励措施；（2）高管薪酬结构，是指公司高管薪酬结构的组成。

3. 运营合规性

运营管理是指对运营过程的计划、组织、实施和控制，是与产品生产和服务创造密切相关的各项管理工作的总称。本报告选用衡量运营合规性的指标包括：（1）经营合法性，是指企业在经营管理过程中是否存在重大违规，并受到相关监管部门的处罚；（2）决策程序合法性，是指企业重要经营决策的得出是否有适当的程序；（3）审计报告意见类型，是指会计师事务所对上市公司年报出具的审计报告意见类型。

4. 信息披露机制

信息披露是影响公司行为和保护投资者利益的有力工具，在公司治理框架中占有重要地位。强有力的信息披露制度有助于校办企业吸引资金，维持投资者对资本市场的信心，也是投资者进行决策的依据。本报告选用证券交易所对上市公司的信息披露评价等级来衡量信息披露机制。

综上所述，对我国教育部直属高校校办企业治理能力评价建立指标评价体系，如表4-1所列。

表4-1 治理能力指标评价体系

准则层	具体评价指标
公司制度完善性	公司治理结构合规性（X_1）
	内部控制完善性（X_2）
	校企兼职人数（X_3）
激励机制	高管股权激励（X_4）
	高管薪酬结构（X_5）
运营合规性	经营合法性（X_6）
	决策程序合法性（X_7）
	审计报告意见类型（X_8）
信息披露机制	证券交易所对上市公司的信息披露评价等级（X_9）

4.2.3 校办企业治理能力评价模型的构建

本文通过建立AHP-模糊综合评价模型，将定性评价与定量计算相结合，对数据进行无量纲化处理并得出判断矩阵表，见表4-2至表4-4。

表 4-2　治理能力

	公司制度完善性	激励机制	运营合规性	信息披露机制	权重值
公司制度完善性	1	2	2	3	0.43365
激励机制	1/2	1	1	3	0.25786
运营合规性	1/2	1	1	1	0.19591
信息披露机制	1/3	1/3	1/2	1	0.11256
一致性检验：CR=CI/RI=0.03367<0.1，通过一致性检验。					

表 4-3　公司制度完善性

	X_1	X_2	X_3	权重值
X_1	1	2	1/2	0.29696
X_2	1/2	1	1/3	0.16342
X_3	2	3	1	0.53961
一致性检验：CR=CI/RI=0.006383<0.1，通过一致性检验。				

表 4-4　激励机制

	X_4	X_5	权重值
X_4	1	2	0.66667
X_5	1/2	1	0.33333

根据以上计算，得到各指标权重，如表 4-5 和表 4-6 所列。

表 4-5　运营合规性

	X_6	X_7	X_8	权重值
X_6	1	2	1	0.47059
X_7	1/2	1	1/2	0.05882
X_8	1	2	1	0.47059
一致性检验：CR=CI/RI=0.054575406<0.1，通过一致性检验。				

表 4-6　各指标层权重

类别		指标构成	
内容	权重	评价指标	专家权重
公司制度完善性	0.43365	公司治理结构合规性	0.29696
		内部控制完善性	0.16342
		校企兼职人数	0.53961
激励机制	0.25786	高管股权激励	0.66667
		高管薪酬结构	0.33333
运营合规性	0.19591	经营合法性	0.47059
		决策程序合法性	0.05882
		审计报告意见类型	0.47059
信息披露机制	0.11256	证券交易所对上市公司的信息披露评价等级	1

4.2.4　校办企业治理能力评价结果与分析

1. 公司制度完善性

通过对 2013 年度我国教育部直属高校校办企业公司制度完善性进行评分，共有 116 家企业得到 99 分，占统计样本总量的 16.96%；而得分在 80 分以上的企业共有 634 家，占统计样本总量的 92.69%。这说明我国大多数教育部直属高校校办企业对于公司治理结构以及内部控制制度的自我评价都比较良好（见表 4-7）。

表 4-7　2013 年度教育部直属高校校办企业公司制度完善性得分与排名

排名	公司名称	公司制度完善性
1	成都北大资源地产有限公司	99.99
2	东莞北大资源商业管理有限公司	99.99
3	广东北大资源地产有限公司	99.99
4	北大资源（河南）投资有限公司	99.99
5	东莞市欢笑天地游乐管理有限公司	99.99

（续表）

排名	公司名称	公司制度完善性
6	北大资源（开封）投资有限公司	99.99
7	新津北创房地产开发有限公司	99.99
8	北京北大资源物业经营管理集团有限公司	99.99
9	贵阳北大资源地产有限公司	99.99
10	贵阳恒隆置业有限公司	99.99
11	青岛北大资源地产有限公司	99.99
12	青岛博雅华府置业有限公司	99.99
13	青岛中服进口免税商品有限公司	99.99
14	上海北大资源地产有限公司	99.99
15	苏州方诚物业服务有限公司	99.99
16	重庆北大资源地产有限公司	99.99
17	重庆盈普投资有限公司	99.99
18	北大方正投资有限公司	99.99
19	北大医疗产业集团有限公司	99.99
20	方正产业控股有限公司	99.99

注：数据均来自调查问卷。

2. 激励机制

通过对 2013 年度我国教育部直属高校校办企业激励机制进行评分，得到该项最高分为 79.99，北京北大明德科技发展有限公司和中山大学达安基因股份有限公司并列排名第一。由表 4－8 可以看出，很多企业在激励机制层面的得分显著偏低，仅有 5 家企业大于 60 分，主要是由于我国大多数教育部直属高校校办企业都缺乏高管持股这一有效的长期激励措施，而且在高管薪酬结构的安排方面，只有 12 家企业拥有期权激励的方式，绝大多数校办企业的高管薪酬都是由基本工资和绩效工资组成。

表 4-8 2013 年度教育部直属高校校办企业激励机制得分与排名

排名	公司名称	激励机制
1	北京北大明德科技发展有限公司	79.99
2	中山大学达安基因股份有限公司	79.99
3	北京科大中冶技术发展有限公司	73.32
4	广州市家庭医生在线信息有限公司	66.65
5	华东理工大学华昌聚合物有限公司	66.65
6	江苏河海工程建设监理有限公司	59.98
7	广州中大环境治理工程有限公司	59.98
8	广州中大中山医科科技开发有限公司	59.98
9	上海新南洋股份有限公司	59.98
10	上海铁大电信科技股份有限公司	59.98
11	江西同济建筑设计咨询有限公司	59.98
12	南昌同济规划建筑设计有限公司	59.98
13	上海世渊环保科技有限公司	59.98
14	北京吉大瑞博光电科技有限公司	59.98
15	武汉华中数控股份有限公司	59.98
16	北大资源武汉地产有限公司	53.36
17	贵阳恒隆置业有限公司	53.31
18	上海交大高新技术股份有限公司	53.31
19	南京同正制冷工程有限公司	53.31
20	山东山大电力技术有限公司	53.31

注：数据均来自调查问卷。

3. 运营合规性

通过对 2013 年度我国教育部直属高校校办企业运营合规性进行评分，共有 659 家企业得到 100 分，占统计样本总量的 96.06%，只有 26 家企业当年受到过监管部门处罚或者在决策程序上不符合规定，说明我国绝大多数教育部直属高校校办企业都能合法合规经营并且公司的决策程序也都符合规定，所有上市校办企业的审计报告也都出具了无保留意见（见表4-9）。

表4-9　2013年度教育部直属高校校办企业运营合规性得分与排名

排名	公司名称	运营合规性
1	北京大学出版社有限公司	100
2	北京北大明德科技发展有限公司	100
3	北京大学医学出版社有限公司	100
4	北京北大科技园建设开发有限公司	100
5	北京北大科技园有限公司	100
6	北京北医投资管理有限公司	100
7	北大培文教育文化产业（北京）有限公司	100
8	北京北大英华科技有限公司	100
9	北大资产经营有限公司	100
10	北京开元数图科技有限公司	100
11	北京燕园天地科技有限公司	100
12	北大资源集团地产有限公司	100
13	北大资源集团康保资产管理有限公司	100
14	北大资源集团控股有限公司	100
15	北大资源集团商业有限公司	100
16	北大资源集团文化艺术传播（北京）有限公司	100
17	北大资源集团有限公司	100
18	北京北大资源地产有限公司	100
19	北京博雅禾木园林景观科技有限公司	100
20	成都北大资源地产有限公司	100

注：数据均来自调查问卷。

4. 治理能力总体排名

通过对2013年度我国教育部直属高校校办企业治理能力进行评分，共有668家企业治理能力评价得分大于60分，占统计样本总量的98.09%，说明我国绝大多数教育部直属高校校办企业在公司制度完善性、运营合规性、激励机制以及信息披露机制这四个维度上都表现良好（见表4－10）。

表4－10　2013年度教育部直属高校校办企业公司治理能力得分与排名

排名	公司名称	总体得分
1	北京北大明德科技发展有限公司	94.33
2	中山大学达安基因股份有限公司	93.34
3	北京科大中冶技术发展有限公司	92.68
4	广州市家庭医生在线信息有限公司	91.39
5	广州中大中山医科科技开发有限公司	89.67
6	上海世渊环保科技有限公司	89.67
7	广州中大环境治理工程有限公司	89.46
8	江西同济建筑设计咨询有限公司	88.96
9	南昌同济规划建筑设计有限公司	88.96
10	上海新南洋股份有限公司	88.82
11	武汉华中数控股份有限公司	88.16
12	贵阳恒隆置业有限公司	87.95
13	上海同济协力建设工程咨询有限公司	87.95
14	北大资源武汉地产有限公司	87.75
15	南京同正制冷工程有限公司	87.59
16	深圳市同济人建筑设计有限公司	87.24
17	上海铁大电信科技股份有限公司	86.96
18	上海交大高新技术股份有限公司	86.60
19	武汉航运科技开发有限公司	86.54
20	上海同济市政公路监理咨询有限公司	86.32

4.3　案例分析

4.3.1　公司简介

武汉华中数控股份有限公司创立于1994年，注册资本1.0783亿元，由华中理工大学、国家科技部、湖北省武汉市科委、武汉市东湖高新技术开发区、香港大同工业设备有限公司等政府部门和企业共同投资组建。近几年来，公司以300%的速度迅猛发展，是首批国家级“创新型企业”、全国机械工业先进集体、中国机床工具协会副理事长单位、数控系统分会理事长单位、全国机床数控系统标委会秘书长单位；已获得国家科技进步二等奖1项、省部级科技进步一等奖4项，有9项产品被评为国家级重点新产品，华中数控系统被列入首批自主创新产品目录。2009年，华中数控公司光荣入选中央建国六十周年成就展和湖北省“荆楚辉煌60名片”；2011年，光荣入选国家“十一五”重大科技成就展。公司有一支精干的专门从事产品市场服务和支持的技术团队，80%员工具有大学以上学历，还有数十名具有硕士、博士学位的专业技术人员常年在公司从事前沿技术研究和开发。

公司与华中科技大学共同组建了全国唯一的具有最高专业学术研究水准的国家数控系统工程技术研究中心，被国家科技部命名为“国家高新技术产业化基地”，以公司业绩为背景申报的国家发改委制造装备数字化国家工程研究中心被批准立项。主要产品有数控装置和伺服驱动电机。

4.3.2　公司治理能力现状与评价

武汉华中数控股份有限公司设立了股东大会、监事会和董事会，公司组成结构如图4-2所示。

公司现有员工600余人，其中教授、高工等高级专业技术人员60多人，工程师等中级专业技术人员140多人，技术工人100多人。此外，公司与国家数控系统工程技术研究中心产学研紧密合作，有硕士、博士和博士后80多人长期与公司合作，从事研发工作。

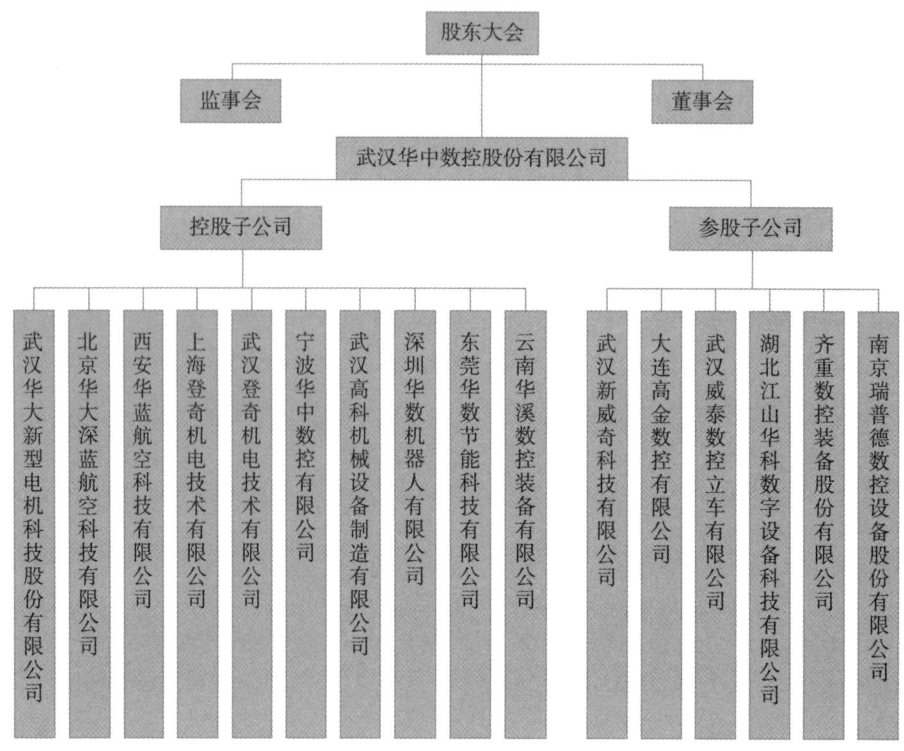

图 4－2　公司组成结构

武汉华中数控股份有限公司的总经理与董事长两职分离，有合理的公司治理结构。校企兼职人数从 2011 年的兼职管理人员 15 人、兼职技术人员 14 人，逐年减少到 2013 年的兼职管理人员 13 人、兼职技术人员 6 人。校企兼职人数的适当控制，有利于企业提升公司治理的完善性。

公司高管的薪酬结构有基本工资、绩效工资和现金激励，其中，高管控股比例为 0.0443%，说明高管有少数参股，说明该公司采用多种激励机制并得到了很好的实施。

该公司近三年来并没有受到过监管部门的相关处罚，经营决策流程也具有适当程序，严格执行管理制度，有不错的运营合规性。该企业的信息披露非常及时，股权信息、财务信息的披露较为完整，且披露的信息经过审计，无保留意见占比较高，从而确保了信息的真实性。

总体来说，该公司的公司治理比较合理有效，有利于公司的进一步发展。

第五章　教育部直属高校校办企业竞争能力评价

5.1　竞争能力概述

企业竞争能力最基本的理解是一个企业在市场销售其产品而反映出来的生产力；《世界经济论坛》在讨论国际竞争力时对其的定义为企业目前和未来在各自的环境中以比国内外竞争者更有吸引力的价格和质量进行设计和销售货物以及提供服务的能力和机会；然而从企业战略研究的角度出发，美国的波特教授对于竞争能力的理解是一个企业对其行为效益有所贡献的各项活动。

企业竞争能力就是独立经营的企业在市场经济环境中相对其竞争对手所表现出来的生存能力和持续发展能力的总和。具体而言，企业的竞争力就是企业在市场竞争中，在有效利用甚至创造企业资源的基础上，与竞争对手比较，在产品设计、生产、销售等经营活动领域以及在产品价格、质量、服务和满足消费者需求等方面，为企业创造利润、进而促进企业持续发展的能力。它不仅仅是一种企业外部的市场表现，更多的是一种内部的支撑能力。

5.2　高校校办企业竞争能力评价体系和评价模型的构建及评价结果分析

5.2.1　校办企业竞争能力指标评价体系的设计原则

1．整体性原则

高校校办企业是一个整体，有很多因素影响着高校校办企业，所以对它的评价不能只考虑某一单项因素，一定要坚持系统、全面的原则，这样才能对高校校办企业的核心竞争力做出正确的评价。

2. 可行性原则

该原则是指在设置高校校办企业竞争力评价的指标时，一定要选取相关性强的指标，并且，这些指标要能够清楚地测量和使用。另外，指标之间不能重复。

3. 可比性原则

选取的核心竞争力评价指标应该是各个高校校办企业都具有的，并且这些指标的计算方法、计算单位、统计规则都应该是一样的。这样，不同的高校校办企业才能够公正地进行竞争力的横向比较，同时，也便于同一高校校办企业的不同时间段的纵向比较。

4. 科学性原则

在高校校办企业竞争力评价中，这一原则主要是指对企业核心竞争力概念认识的准确性并考虑各种因素的相关性、整体性和目标性，建立一个合理严密、逻辑层次分明的综合指标评价体系。

5. 重要性原则

企业竞争力包含的内容很广泛，只有抓住问题的主要矛盾，才能建立起一套相对全面、科学的竞争力评价指标体系，所以我们按照重要性的原则选取一些具有代表性的评价指标。

5.2.2 校办企业竞争能力指标评价体系的构建

本报告在借鉴了国内外有关企业竞争力研究的报告之后，选择从企业竞争力的市场特性出发对校办企业竞争能力进行评价，包括以下四个方面：

1. 市场业绩

企业竞争力的实现成果简而言之就是企业产品或服务的市场业绩。本报告选用衡量市场业绩的指标包括以下三项：(1) 毛利率，是指毛利润与营业收入的百分比；(2) 市场占有率，是指一定时期内，企业在市场中销售的产品量或者是销售额占行业总销售额的比重；(3) 出口总额，是指一定时期内企业产品出口的总量。

2. 企业形象

一般来说，企业品牌认知度越高，品牌效用越大，给企业带来的竞争优势越多。本报告选用是否具有中国驰名商标作为衡量企业品牌竞争力的指标。

3. 营销推广

营销行为最终会决定市场目标是否顺利实现，而营销推广则是实现这一目的的必要手段。本报告选用营销推广率作为衡量企业营销推广能力的指标，它是指营业收入增长率与销售费用之比。公司当年销售费用规模反映了营销推广的成本，营业收入增长率反映了营销推广的收益。

4. 销售管理

销售管理通过对分销渠道、销售组织、销售人员、销售服务以及销售过程的综合管理，为企业的市场竞争提供产品力和销售力。本报告选用产销率作为衡量企业销售管理能力的指标，它是指企业一定时期内已销售产品数量和生产产品数量之比，反映了企业产品生产实现销售的程度。

综上所述，笔者对我国教育部直属高校校办企业竞争能力评价建立了指标评价体系，如表 5－1 所列。

表 5－1　竞争能力指标评价体系

准则层	具体评价指标
市场业绩	毛利率
	市场占有率
	产品出口总额
企业形象	是否具有中国驰名商标
营销推广	营销推广率
销售管理	产销率

5.2.3　校办企业竞争能力评价模型的构建

本文通过建立 AHP－模糊综合评价模型，将定性评价与定量计算相结合，对数据进行无量纲化处理并得出判断矩阵表，见表 5－2 和表 5－3。

表5－2　竞争能力

	市场业绩	企业形象	营销推广	销售管理	权重
市场业绩	1.00	3.00	4.50	9.00	0.6
企业形象	0.33	1.00	1.50	3.00	0.2
营销推广	0.22	0.67	1.00	2.00	0.133
销售管理	0.11	0.33	0.50	1.00	0.067
一致性检验：CR＝CI/RI＝0<0.1，通过一致性检验					

表5－3　市场业绩

	毛利率	市场占有率	产品出口总额	权重
毛利率	1.00	0.67	2.00	0.333
市场占有率	1.50	1.00	3.00	0.5
产品出口总额	0.50	0.33	1.00	0.167
一致性检验：CR＝CI/RI＝0<0.1，通过一致性检验				

根据以上计算，得到各指标权重，如表5－4所列。

表5－4　各指标层权重

一级指标	权重	二级指标	权重
市场业绩	0.6	毛利率	0.333
		市场占有率	0.5
		产品出口总额	0.167
企业形象	0.2	是否具有中国驰名商标	1
营销推广	0.133	营销推广率	1
销售管理	0.067	产销率	1

5.2.4　校办企业竞争能力评价结果与分析

1. 市场业绩

(1) 毛利率

总览毛利率排名，我国教育部直属高校校办企业中毛利率大于50%的占统计样本总量的29.48%，共456家；毛利率大于0的占统计样本总量的95%，共1463家。这说明我国教育部直属高校校办企业都拥有较强的盈利能力。因为存在行业特殊性，北京北外宾馆当年实现毛利润772万元，营业成本发生额很小，导致毛利率高达99.99%，排名第一；江西北大科技园区发展有限公司在排名前30的企业中收入成本规模最大，当年营业收入合计为16 660万元，营业成本合计为200万元，实现毛利润16 460万元，公司主营投资管理和技术开发，毛利率达98.80%；从表5－5中可以看出，我国很多高校都创办了科技园有限公司，并且都拥有不错的市场盈利能力，比如北京大学创办的北京北大科技园有限公司、江西北大科技园有限公司等。

表5－5　2013年度教育部直属高校校办企业毛利率排名

排名	企业名称	毛利率（%）
1	北京北外宾馆	99.99
2	北京中育教学设备技贸公司	99.96
3	长沙中大科星土木工程技术有限公司	99.86
4	中国教学仪器设备沈阳公司	99.73
5	上海慧一物业管理有限公司	99.66
6	上海华理化工科技发展有限公司	99.62
7	上海财大产业投资管理有限公司	99.58
8	沈阳宇晨建筑工程监理有限公司	99.46
9	浙江浙大圆正集团有限公司	99.42
10	西安交大思源物业管理有限责任公司	99.41
11	南京南农兴农商贸有限公司	99.37
12	山东华茂实业发展总公司	99.20

（续表）

排名	企业名称	毛利率（%）
13	北京北化大投资有限公司	99.10
14	北京北大科技园有限公司	98.98
15	西安交大康桥建筑规划设计院有限公司	98.90
16	武汉城苑监理工程有限公司	98.86
17	北京科技大科教技术服务中心	98.80
18	江西北大科技园区发展有限公司	98.80
19	北京安标科技有限公司	98.57
20	上海同济技术转移服务有限公司	98.50
21	重庆科苑学府大酒店有限责任公司	98.06
22	山东山大后勤服务公司	97.78
23	扬州交大科技园发展有限公司	97.75
24	北京开元数图科技有限公司	97.51
25	重庆大学科技园有限责任公司	97.49
26	绵阳川大科技园有限公司	97.17
27	四川川大科技产业集团有限公司	97.08
28	苏州东大科技园发展有限公司	96.80
29	山东石大恒业科贸有限公司	96.17
30	上海师睦房屋经营管理有限公司	96.10

注：数据均来自教育部财务会计报表决算软件，并剔除相关奇异值。

（2）产品出口总额

总览整个产品出口总额排名，我国仅30家教育部直属高校校办企业具有外贸进出口业务，占统计样本总量的5%，说明我国校办企业目标市场更多集中在国内，在国外市场的拓展方面仍然有所欠缺。根据问卷统计数据得知，2013年度我国教育部直属高校校办企业出口总额合计达887 707.89万元，同方股份、北大方正集团等排名前10位的企业的出口总额合计占教育部直属高校校办企业出口总量的99.77%，说明我国校办企业在发展规模和资源分配上存在一定程度的不平衡；比较表 5 - 6 中校办企业的公司性质以及主营业务可以发现，IT 产业、生物制药这些高新技术企业在外贸市场上表现更为良好，比如北大方正、同方股份、达安基因、博奥生物等企业；而北京语言大学出版社作为中国唯一一家对外汉语教学与研究专业出版社，凭借其专业特色、读者特点以及较强的国际影响力，在外贸进出口方面也取得了不错的业绩。

表 5 - 6　2013 年度教育部直属高校校办企业产品出口总额排名　　单位：万元

排名	公司名称	产品出口总额
1	同方股份有限公司	614 655.9
2	北大方正集团有限公司	123 501.62
3	北大医疗产业集团有限公司	58 552.17
4	北大方正信息产业集团有限公司	47 718.94
5	深圳方正微电子有限公司	17 230.52
6	诚志股份有限公司	12 563.87
7	中山大学达安基因股份有限公司	6219.01
8	北京语言大学出版社有限公司	2776.11
9	华东理工大学华昌聚合物有限公司	1430
10	博奥生物集团有限公司	1000.18
11	成都艾格机电设备有限责任公司	400
12	北京北大英华科技有限公司	357
13	武汉理工新能源有限公司	265.84
14	外语教学与研究出版社有限责任公司	247
15	长春吉大天元化学技术股份有限公司	186.04
16	广州中大中鸣科技有限公司	151.36
17	北京清能创新科技有限公司	119.93
18	武汉华中数控股份有限公司	90
19	武汉华中科大土木工程检测中心	90
20	上海复旦天欣科教仪器有限公司	87.04

（续表）

排名	公司名称	产品出口总额
21	清华大学出版社有限公司	23.69
22	大连理工大学出版社有限公司	20
23	吉林省吉大机电设备有限公司	10.15
24	山东石大胜华化工集团股份有限公司	4.47
25	华中科技大学出版社有限责任公司	2.86
26	华工科技产业股份有限公司	2.07
27	广州华工信息软件有限公司	1.11
28	华中师范大学出版社有限责任公司	1
29	上海贝奥科技开发公司	0.01
30	上海国佳生化工程技术研究中心有限公司	0.003

注：数据均来自调查问卷。

（3）市场占有率

从表 5-7 中可以看出，大多数校办企业凭借着产品服务的高科技属性在其所在行业和领域都有不错的市场表现，而且很多高校出版集团因为其充分依托高校的特点在图书出版领域也表现良好。北京布来得科技有限公司因为其公司主营的通信光缆、光缆接头盒等机械性能实验设备，在光缆通信领域具有独特的竞争优势，并且装备了国内主要的光缆制造厂和检测机构，因此市场占有率很高；北京语言大学出版社有限公司自其成立以来，在对外汉语教材和少数民族汉语教材等领域的市场占有率也一直领先于其同领域的其他企业。

表 5-7　2013 年度教育部直属高校校办企业市场占有率排名

排名	公司名称	市场占有率（%）
1	北京布来得科技有限公司	90
2	北京语言大学出版社有限公司	80
3	成都艾格机电设备有限责任公司	75
4	广州数园网络有限公司	75

（续表）

排名	公司名称	市场占有率（%）
5	长春吉大致远供热有限公司	70
6	北京矿大物业管理有限公司	70
7	上海国佳生化工程技术研究中心有限公司	70
8	山东中石大石仪科技有限公司	67
9	成都国家电气工程有限公司	60
10	外语教学与研究出版社有限责任公司	60
11	武汉汽车工业大学工厂	60
12	中国药科大学制药有限公司	60
14	中山大学达安基因股份有限公司	60
15	上海上外印务中心	50
16	沈阳东创贵金属材料有限公司	50
17	西安电子科技大学丰泽电子科技有限公司	50
18	重庆市软件评测中心有限公司	50
19	西安电子科技大学海光数码有限公司	43
20	北京北大英华科技有限公司	42
21	武汉神阳饮品有限公司	40
22	中国矿业大学出版社有限责任公司	40
23	武汉开目信息技术有限责任公司	36
24	诚志股份有限公司	35
25	长春吉大正元信息技术股份有限公司	35
26	北京环球音像出版社	30
27	广州市家庭医生在线信息有限公司	30
28	吉林省吉大机电设备有限公司	30
29	上海高清数字科技产业有限公司	30
30	杨凌华逸科技发展有限公司	30

注：数据均来自调查问卷。

（4）市场业绩得分与排名

通过对2013年度我国教育部直属高校校办企业市场业绩进行评分，得到该项平均得分为45.97，其中有289家校办企业的市场业绩高于平均水平，占统计样本总量的42.56%；北京矿大物业管理有限公司，因为其物业管理行业高额毛利率的特性以及高额的市场份额，所以在市场业绩评分中排名第一。从表5－8中可以看出，生物医药行业、仪器电气以及图书出版等行业的校办企业的市场业绩一定程度上要优于其他行业的校办企业，一方面这些行业的企业与高校在科研方面的联系更加紧密，另一方面这些行业具有一定的垄断程度，替代产品较少。

表5－8 2013年度教育部直属高校校办企业市场业绩得分与排名

排名	公司名称	得分
1	北京矿大物业管理有限公司	82.15
2	北京布来得科技有限公司	74.14
3	成都艾格机电设备有限责任公司	72.92
4	西安电子科技大学丰泽电子科技有限公司	71.99
5	上海国佳生化工程技术研究中心有限公司	70.93
6	广州数园网络有限公司	70.5
7	外语教学与研究出版社有限责任公司	69.96
8	中山大学达安基因股份有限公司	69.86
9	中国药科大学制药有限公司	69.6
10	山东中石大石仪科技有限公司	69.18
11	北京北大英华科技有限公司	69.12
12	北京环球音像出版社	68.66
13	重庆西南大学出国留学服务中心有限公司	68.66
14	重庆市软件评测中心有限公司	67.55
15	北京语言大学出版社有限公司	66.71
16	武汉汽车工业大学工厂	63.42
17	长春吉大致远供热有限公司	63.33

（续表）

排名	公司名称	得分
18	中国矿业大学出版社有限责任公司	60.53
19	上海复旦天欣科教仪器有限公司	60.14
20	成都国家电气工程有限公司	60

注：数据均来自调查问卷。

2. 企业形象

根据问卷数据统计，2013年度我国教育部直属高校校办企业中具有中国驰名商标的企业合计有14家，其中北京市有4家，分别是北大方正集团有限公司、博奥生物集团有限公司、同方股份有限公司和北京正方兴通信技术有限公司；上海市有4家，分别是上海交大昂立股份有限公司、华东师范大学出版社有限公司、同济汽车设计研究院有限公司和上海同艺图文设计制作有限公司；长春市有2家，分别是吉大赢创高性能聚合物（长春）有限公司和吉林大学科教仪器厂；剩余4家分别是重庆大学出版社有限公司、中山大学达安基因股份有限公司、西安电子科技大学创新数码股份有限公司和武汉交通科技研究院有限责任公司。我国校办企业虽然规模巨大，但拥有中国驰名商标的企业仅14家，说明对于创立驰名商标的工作没有引起我国教育部直属高校校办企业管理层的足够重视。在当今企业之间产品的技术、功能和质量差异日益缩小的情况下，通过品牌化创造差异化优势已经逐渐成为市场竞争中的一种战略投资和必然趋势，品牌化的最终目的就是通过建立并提高品牌价值来增强企业的市场竞争力。

3. 营销推广

总览整个营销推广率排名，在所有具有统计数据的教育部直属高校校办企业中有572家营销推广率为正值，占比达50.93%，说明我国绝大多数教育部直属高校校办企业都具有良好的营销能力，投入的销售费用都能带来一定比例营业收入的增长。北京北大青鸟有限责任公司2013年度营业收入增长了980万元，其中增长率达42%，当年发生的销售费用0.021万元，显著低于表5-9中其他29家校办企业，营销推广率排名第一；同样中央电化教育馆培训中心在营销推广方面也具有很高效率，平均每一万元的销售费用就能带来营业收入16.05%的增长。

表5－9　2013年度教育部直属高校校办企业营销推广率排名

排名	公司名称	营销推广率（%）
1	北京北大青鸟有限责任公司	0.1888
2	中央电化教育馆培训中心	0.1605
3	北京人大数字科技有限公司	0.0497
4	山东石大恒业科贸有限公司	0.0292
5	北京银盘电子技术有限公司	0.0274
6	厦门大学化工厂	0.0265
7	上海同济普兰德生物质能股份有限公司	0.0175
8	台州求是物业管理有限公司	0.0140
9	北京林大资产经营有限公司	0.0114
10	上海同济环境工程科技有限公司	0.0094
11	上海交通大学电子音像出版社有限公司	0.0094
12	成都西南交大高铁轨道设备有限责任公司	0.0093
13	浙江大学圆正控股集团有限公司	0.0053
14	北京外研海图图书销售有限公司	0.0044
15	北京科明园技术有限公司	0.0038
16	杨凌华逸科技发展有限公司	0.0034
17	武汉天喻新媒体技术有限公司	0.0032
18	上海恒济置业发展有限公司	0.0031
19	青岛海大科技开发中心	0.0029
20	厦门大学国家大学科技园有限公司	0.0028
21	北京高等教育出版社图书发行部	0.0027
22	成都心意诚科技产业服务有限公司	0.0026
23	北京北大明德科技发展有限公司	0.0019
24	成都睿谷物业管理有限公司	0.0018
25	北大资源集团商业有限公司	0.0016

（续表）

排名	公司名称	营销推广率（%）
26	日照教科印刷有限公司	0.0013
27	重庆大雅数码印刷有限公司	0.0013
28	西安长安大学工程设计研究院有限公司	0.0012
29	深圳市北林苑景观规划设计有限公司	0.0011
30	北京辰安信息科技有限公司	0.0011

注：数据均来自教育部财务会计报表决算软件。

4. 销售管理

总览整个产销率排名，2013 年我国教育部直属高校校办企业产销率达到 100%的共有 50 家，达到 80%以上的共有 117 家，分别占统计样本总量的 34% 和 80%，说明我国绝大多数教育部直属高校校办企业在计划生产、销售管理方面的安排都相对比较科学，产销衔接情况比较良好，供应链资源的有效利用程度也比较高。

表 5－10　2013 年度教育部直属高校校办企业产销率排名

排名	公司名称	产销率（%）
1	中山大学达安基因股份有限公司	110
2	北京北大明德科技发展有限公司	100
3	北京北大英华科技有限公司	100
4	北京银通物业管理有限责任公司	100
5	北京交大创新科技中心	100
6	北京交大科技发展中心	100
7	北京科大朗涤环保工程技术有限公司	100
8	北京首科兴业工程技术有限公司	100
9	徐州中滋纯净水有限责任公司	100
10	广州绿色盈康生物工程有限公司	100
11	广州中大印刷有限公司	100

（续表）

排名	公司名称	产销率（%）
12	上海复贤劳动综合服务公司	100
13	重庆迪帕数字传媒有限公司	100
14	重庆书源排校有限公司	100
15	南京东大科技服务中心有限公司	100
16	上海上外印务中心	100
17	重庆市软件评测中心有限公司	100
18	青岛中石大科技创业有限公司	100
19	广州市家庭医生在线信息有限公司	100
20	广州友财信息科技有限公司	100
21	广州中大南沙科技创新产业园有限公司	100
22	广州中大药物开发有限公司	100
23	广州中大中山医科科技开发有限公司	100
24	保定华电科源电气有限公司	100
25	北京华电天达科技有限责任公司	100
26	西安电子科技大学丰泽电子科技有限公司	100
27	山东山大电力技术有限公司	100
28	北京化大群星科技公司	100
29	北京北化黎明膜分离技术有限责任公司	100
30	华东师范大学科教仪器厂	100

注：数据均来自调查问卷。

5. 竞争能力总体排名

通过对2013年度我国教育部直属高校校办企业竞争能力进行评分，竞争能力的平均得分为44.57，其中有273家校办企业得分高于平均水平，占统计样本总量的40.32%。由于中山大学达安基因股份有限公司主营的PCR产品在体外诊断试剂领域拥有很大的市场份额，以及其生物医药行业高额利润率的特性，因而达安基因在市场业绩方面的表现要优于其他校办企业；而且达安基因公司在产品研发和营销推广方面已经形成了一套具有自身特色并能够适应市场需求的完整体系，在品牌塑造方面已经拥有了在行业内处于市场领导地位的达安基因品牌，因此在竞争能力评分中排名第一；从表 5-11 中可以看出，得分较高的企业大多在其所在领域和行业内占据了较大的市场份额或拥有较高的毛利率，说明产品的市场占有率和盈利能力对于整个企业的竞争能力至关重要。

表 5-11　2013 年度教育部直属高校校办企业竞争能力总体得分与排名

排名	公司名称	得分
1	中山大学达安基因股份有限公司	73.93
2	北京矿大物业管理有限公司	65.29
3	北京布来得科技有限公司	64.06
4	成都艾格机电设备有限责任公司	63.41
5	西安电子科技大学丰泽电子科技有限公司	62.8
6	广州数园网络有限公司	61.77
7	外语教学与研究出版社有限责任公司	61.42
8	中国药科大学制药有限公司	61.36
9	武汉交通科技研究院有限责任公司	61.25
10	北京北大英华科技有限公司	61.12
11	山东中石大石仪科技有限公司	60.79
12	重庆市软件评测中心有限公司	60.2
13	同济汽车设计研究院有限公司	60.14
14	重庆大学出版社有限公司	59.55
15	山东石大恒业科贸有限公司	59.51
16	北京语言大学出版社有限公司	59.38
17	华东师范大学出版社有限公司	59.32
18	上海国佳生化工程技术研究中心有限公司	58.55
19	武汉汽车工业大学工厂	57.35
20	重庆西南大学出国留学服务中心有限公司	57.19

注：数据均来自调查问卷。

5.3 案例分析

5.3.1 公司简介

中山大学达安基因股份有限公司前身为广东省科四达医学仪器实业公司，于 1988 年 8 月 17 日经广州市工商行政管理局核准设立。2001 年 10 月 26 日，根据国家教育部教发〔2001〕42 号文《关于中山大学、中山医科大学合并组建新的中山大学的决定》，该公司第一大股东中山医科大学与中山大学合并组建新的中山大学。合并后，新组建的中山大学成为该公司的第一大股东，公司于 2001 年 12 月 13 日更名为“中山大学达安基因股份有限公司”。公司于 2004 年 8 月在深圳证券交易所挂牌上市，成为广东省高校校办企业中第一家上市公司。

中山大学达安基因股份有限公司是以分子诊断技术为主导，集临床检验试剂和仪器的研发、生产、销售以及全国连锁医学独立实验室临床检验服务于一体的生物医药高科技企业。公司在分子生物学技术方面，尤其是基因诊断技术及其试剂产品的研制、开发和应用上始终处于领先地位。

5.3.2 公司竞争能力现状与评价

1. 市场业绩

通过对达安基因股份有限公司横向和纵向的数据比较分析后可以看出，达安基因生产经营一直处于良性循环的状态中，其三个年度的毛利率均稳步维持在 50%左右（见表 5-12 和表 5-13）。

表 5-12 达安基因 2011—2013 年度毛利率

年度	营业收入（万元）	营业成本（万元）	毛利润（万元）	毛利率（%）
2011	45 756.00	20 433.60	25 322.4	55.34
2012	58 269.20	25 983.20	32 286.0	55.40
2013	85 437.20	43 639.50	41 797.7	48.92

注：数据均来自新浪财经。

表 5-13　同行业其他公司 2013 年度毛利率

公司名称	营业收入（万元）	营业成本（万元）	毛利润（万元）	毛利率（%）
北大医药	231 647.00	189 836.00	41 811.00	18.04
交大昂立	36 698.20	13 314.90	23 383.30	63.71
康恩贝	292 416.00	78 541.30	213 874.70	73.14
中粮生化	733 986.00	665 267.00	68 719.00	9.36

注：数据均来自新浪财经。

达安中心研制开发的荧光产品是世界上首个批准临床应用的荧光定量 PCR 诊断试剂产品，该系列产品在国内的市场覆盖率稳居行业第一。达安基因依托中山大学雄厚的科研平台，通过以分子诊断技术为主导，集临床检验试剂和仪器的研发、生产、销售服务于一体，使其在国内以及国外市场均占有较大份额，市场占有率方面远超同属生物医药行业的其他校办企业（见表 5-14 和表 5-15）。

表 5-14　各公司 2011—2013 年度市场占有率

市场占有率（%）	2011 年度	2012 年度	2013 年度
达安基因	60	60	60
博奥生物	35	30	25
中山医药	10	11.72	11.95

注：数据均来自调查问卷。

表 5-15　各公司 2011—2013 年度产品出口总额

年度出口总额（万元）	2011 年度	2012 年度	2013 年度
达安基因	107.71	343.58	6219.01
北大医疗	60 377.14	41 169.37	58 552.17
博奥生物	936.89	955.45	1000.18

注：数据均来自调查问卷。

2. 企业形象

2013 年度达安基因及控股子公司一共获得 15 项国家食品药品监督管理局

颁发的医疗器械注册证，其新产品的不断上市促进了产品销售，强化了公司业绩。公司已经拥有以达安基因为核心的 PCR、公共卫生、仪器、病理、时间分辨荧光免疫产品（TRF）、免疫、血筛、科研服务等八条产品线，以及以达安临检为核心的医学独立实验室网络。在国内市场，拥有在行业内处于市场领导地位的“达安基因”品牌，以及在行业内处于市场领先地位的“达安健康”和“达瑞抗体”等品牌，建立并执行了多品牌并行和专业化发展战略，形成了强大的市场合力，巩固并提升了公司在中国诊断市场领域的整合竞争能力（见表 5 - 16）。

表 5 - 16 各公司企业形象对比

公司名称	无形资产（万元）	总资产（万元）	无形资产占比（%）	是否具有中国驰名商标
达安基因	5 280.54	115 518.00	4.57	有
交大昂立	853.06	179 300.00	0.47	有
北大医药	15 342.50	422 906.00	3.62	无
博奥生物	6200	69 700.00	8.89	有

注：数据均来自新浪财经。

3. 营销推广

达安基因公司利用市场网络平台优势，坚持以市场需求为导向、为客户创造价值的经营理念，继续完善并深化具有达安特色的营销体系，推进建设以发展—合作—共赢为基础的营销平台，构建了全国性网络化多层次业务平台，形成了具有强大销售能力的覆盖了诊断产品销售领域、诊断项目服务领域、诊断技术服务领域的国内市场网络体系（见表 5 - 17）。

表 5 - 17 各公司 2013 年度营销推广率

公司名称	销售增长率（%）	销售费用（万元）	营销推广率（%）
达安基因	31.72	16 255.60	0.0020
交大昂立	—5.11	15 929.00	—0.0003
北大医药	15.91	11 989.30	0.0013

注：数据均来自新浪财经。

4. 销售管理

达安基因公司当年仪器的生产量较去年同期增加了 254.65%，库存量较去年同期下降了 77.16%，原因是公司仪器销售量增加。达安基因公司作为国内分子诊断试剂行业的龙头企业，具有完整、高效的产品研发、注册、报批、生产、质量控制平台，保证了公司的产品能够高质量、及时地提供给客户，充分满足市场需求（见表 5－18）。

表 5－18　达安基因 2013 年度产销量

行业分类	项目	2013 年	2012 年	同比增减（%）
生物制品业试剂类（盒）	销售量	857 631	847 855	1.15
	生产量	897 505	842 364	6.55
	库存量	173 804	133 930	29.77
生物制品业仪器类（台）	销售量	626	672	－6.85
	生产量	305	86	254.65
	库存量	95	416	－77.16

注：数据均来自达安基因公司 2013 年度财务报告。

第六章　教育部直属高校校办企业财务能力评价

6.1　企业财务能力概述

企业财务能力是指企业所拥有的财务资源和所积累的财务学识的有机组合体，是企业能力的财务综合体现。企业财务能力是企业能力系统的一个有机组成部分，它是由各种与财务有关的能力所构成的一个企业能力子系统。企业财务能力作为企业能力的组成部分，取决并服务于企业能力，同时，企业财务能力又是培养和提升企业能力的基础。一方面，企业能力的增强，最终必然在企业财务能力改善和提高方面得到体现；另一方面，企业财务能力的增强，又能维持企业能力的增强，并确保企业持续竞争优势的延续。

6.2　高校校办企业财务能力评价体系和评价模型的构建及评价结果分析

6.2.1　校办企业财务能力指标体系的构建

财务管理与其他管理不同，会计报表的数据以及财务比率是最能说明财务情况的元素，针对财务能力进行指标体系构建及判定，本报告选取的指标都是定量指标，保证数值的客观准确性和易获得性，增强了研究的实用性。财务能力评价体系由两大部分构成：第一部分是总量指标，即规模竞争力；第二部分是比率指标，即从盈利能力、偿债能力、营运能力、现金流量能力、成长能力这五个方面，使用不同的比率指标来评价高校校办企业的财务能力（见表6-1）。

表6-1　企业财务能力评价指标体系

一级指标	二级指标
规模竞争力	资产规模竞争力
	营业收入竞争力
	利润总额竞争力
偿债能力	流动比率
	速动比率
	现金比率
	资产负债率
营运能力	应收账款周转率
	流动资产周转率
	总资产周转率
	固定资产周转率
盈利能力	净资产收益率
	总资产净利润率
	资产报酬率
	流动资产净利润率
现金流量能力	盈余现金保障倍数
	资产的现金流量回报率
成长能力	资本保值增值率
	净利润增长率
	营业收入增长率

1. 规模竞争力

规模竞争力分为资产规模竞争力、营业收入竞争力、利润总额竞争力，这几个方面是衡量教育部直属高校校办企业的资产规模和盈利规模最具代表性的指标，具有一定的说服力。在具体指标选取上，本报告采用资产总额、营业收入额、利润总额作为其评价指标。

2. 偿债能力

（1）流动比率　流动比率是流动资产与流动负债之比，用来衡量企业流动资产在短期债务到期以前，可以变为现金用于偿还负债的能力。流动比率越高，说明企业的短期偿债能力越强。

（2）现金比率　现金比率是企业现金以及现金等价物与当前流动负债之比，用来衡量企业资产的流动性。流动性最好的就是货币资金、交易性金融资产等现金资产，是可以直接偿还债务的资产。现金比率越高，说明企业的短期偿债能力越强。

（3）速动比率　速动比率是速动资产与流动负债之比。速动比率衡量企业的短期偿债能力，评价流动资产变现能力的强弱。速动资产是流动资产减去变现能力较差且不稳定的存货后的金额。因此，速动比率能够准确、可靠地评价企业资产的流动性及其偿还短期负债的能力。

（4）资产负债率　资产负债率是企业负债总额与资产总额之比，反映的是资产总额中有多大部分是通过举债而得到的。资产负债率越小，说明企业长期偿债能力越强。

3. 营运能力

（1）应收账款周转率　应收账款周转率是企业一定时期内营业收入与应收账款平均余额之比，反映了应收账款的流动速度。应收账款周转率越高，意味着应收账款的收回速度越快，企业资金利用效率便越高。

（2）流动资产周转率　流动资产周转率是企业一定时期内营业收入与平均流动资产总额之比。流动资产周转率反映了企业流动资产的周转速度，揭示了影响企业资产质量的主要因素。该指标越高，表明企业流动资产周转速度越快，利用效率越高。

（3）固定资产周转率　固定资产周转率是企业营业收入与固定资产净值之比。固定资产周转率主要用于分析对厂房、设备等固定资产的利用效率，比率越高，说明利用率越高，管理水平也越高。它反映了企业固定资产的利用程度。

（4）总资产周转率　总资产周转率是营业收入与平均资产总额之比。反映总资产的营运能力，是综合评价企业全部资产运营质量和利用效率的重要指标，总资产周转率越高，周转速度越快，说明企业资产利用效率越高。

4. 盈利能力

（1）净资产收益率　净资产收益率也称所有者权益报酬率，是企业一定时期内的净利润与平均净资产之比。评价净资产收益率充分体现了投资者投入企业的自有资本获取净收益的能力，反映了投资与报酬的关系，是评价企业资本经营效益的核心指标。净资产收益率越高，企业净资产的获利能力就越强。

（2）总资产净利润率、流动资产净利润率、资产报酬率　总资产净利润率、流动资产净利润率、资产报酬率都是基本的衡量企业盈利能力的指标，在构建财务能力指标体系时，本报告将这三个指标同时纳入盈利能力的分析指标。资产报酬率关注的是税前利润与平均总资产之比，总资产净利润率、流动资产净利润率关注的是净利润与平均资产总额和平均流动资产之比，这三个指标配合使用比单独分析其中一个更准确全面。

5. 现金流量能力

（1）盈余现金保障倍数　盈余现金保障倍数是指企业一定时期经营现金净流量与净利润之比，反映了当期净利润中现金收益的保障程度和企业盈余的质量。盈余现金保障倍数从现金流入和流出的动态角度，对企业收益的质量进行评价，是对企业的实际收益能力再一次修正。

（2）资产的现金流量回报率　这一比率反映每一元资产通过流动所能形成的现金净流入，反映企业资金的经营收现水平。该指标越高，表明企业资产综合管理水平越高。

6. 成长能力

（1）资本保值增值率　资本保值增值率是指企业本年年末所有者权益扣除客观增减因素后与年初所有者权益之比。该指标表示企业当年资本在企业自身的努力下的实际增减变动情况，是评价企业财务效益状况的辅助指标。它反映了投资者投入企业资本的保全性和增长性，该指标越高，表明企业的资本保全状况越好，所有者权益增长越快，企业发展后劲越强。

（2）净利润增长率、营业收入增长率　净利润、营业收入是衡量企业经营效果以及管理水平的主要方面，其增长都能反映企业的成长能力。在具体设计指标时，采用本期指标与上年同期之比，体现企业成长能力。

6.2.2 校办企业财务能力评价模型的构建

本报告依据“指标体系构建问卷”的调研结果，构建了财务指标体系的层次结构模型，并运用层次分析法确定了各指标具体的专家权重。同时，本报告以问卷中被调查者对各财务能力类别赋权的均值为类别权重，最后综合这两个层次的权重信息，得出财务指标的专家权重最终结果（见表6-2）。

表6-2 财务指标体系

准则层	具体评价指标		专家权重
偿债能力	流动比率	X_1	0.02911
	速动比率	X_2	0.03557
	现金比率	X_3	0.06166
	资产负债率	X_4	0.06813
营运能力	应收账款周转率	X_5	0.06073
	流动资产周转率	X_6	0.04499
	总资产周转率	X_7	0.02728
	固定资产周转率	X_8	0.02470
盈利能力	净资产收益率	X_9	0.09771
	总资产净利润率	X_{10}	0.04177
	资产报酬率	X_{11}	0.04177
	流动资产净利润率	X_{12}	0.07238
现金流量能力	盈余现金保障倍数	X_{13}	0.12249
	资产的现金流量回报率	X_{14}	0.08221
成长能力	资本保值增值率	X_{15}	0.05885
	净利润增长率	X_{16}	0.05885
	营业收入增长率	X_{17}	0.07190

综上所述，财务指标体系一共包括五个方面共计17个指标，其中盈利能

力是最重要的方面，其次是现金流量能力，余下依次为偿债能力、营运能力、成长能力。分配到每个具体的财务指标的专家权重，可以看到“盈余现金保障倍数”被赋予了最大的权重，占12.249%；其次是“净资产收益率”，权重为9.771%；其余指标比重在2%至8%之间；最低的是固定资产周转率，为2.47%。

6.2.3　企业财务能力评价结果与分析

教育部2006年发布《关于高校产业规范化建设中组建高校资产经营有限公司的若干意见》，指出高校要依法组建国有独资性质的资产经营有限公司，或从现有校办企业中选择一个产权清晰、管理规范的独资企业，将学校所有经营性资产划转到高校资产公司，由其代表学校持有对企业投资所形成的股权。截至2013年，75所教育部直属高校有67所设立了资产公司，占教育部直属高校总数的88%。为了更加准确地评价教育部直属高校企业的财务能力，本报告将教育部直属高校企业分为教育部直属高校资产公司和教育部直属高校校办企业（不含资产公司）两类分别进行评价。

1. 教育部直属高校资产公司财务能力评价

（1）资产总额

2013年度参加教育部直属高校校办企业统计工作的资产公司共有67家，其资产总额为2931.16亿元，占教育部直属高校校办企业资产总额（3167.06亿元）的92.55%（见表6-3）。其中，资产总额排名前五位的教育部直属高校资产公司分别是北大资产经营有限公司、清华控股有限公司、东北大学科技产业集团有限公司、上海同济资产经营有限公司和武汉华中科技大产业集团有限公司。资产总额排名前五位的教育部直属高校资产公司的资产总额为2524.95亿元，占教育部直属高校资产公司资产总额的86.14%。

其中北大资产经营有限公司资产高达1175.92亿元，旗下有4家上市公司，分别为方正科技、中国高科、北大医药、方正证券，涉及信息、制药、化工、高科技孵化等多个领域。清华大学的校办企业资产总额为970.38亿元，旗下有6家上市公司，分别为紫光古汉、紫光股份、诚志股份、同方股份、同方国芯、泰豪科技，涉及信息技术、能源环保、生命科技和科技服务与知识产业等领域。

表 6-3 教育部直属高校资产公司资产总额排名前五十的企业情况一览表

单位：万元

排名	单 位	资产总额
1	北大资产经营有限公司	11 759 185.98
2	清华控股有限公司	9 703 790.00
3	东北大学科技产业集团有限公司	1 639 965.97
4	上海同济资产经营有限公司	1 269 873.79
5	武汉华中科技大产业集团有限公司	876 675.07
6	上海交大产业投资管理集团有限公司	424 360.58
7	广州中大控股有限公司	404 359.48
8	成都西南交通大学产业（集团）有限公司	393 595.36
9	西安交大资产经营有限公司	363 407.71
10	中南大学资产经营有限公司	317 546.73
11	浙江大学圆正控股集团有限公司	281 887.84
12	山东山大产业集团有限公司	264 930.50
13	广州华南理工大学资产经营有限公司	131 904.50
14	上海复旦资产经营有限公司	103 402.15
15	湖南大学资产经营有限公司	99 168.61
16	人大世纪科技发展有限公司	94 830.69
17	大连理工大学产业投资有限公司	93 020.00
18	江苏东南大学资产经营有限公司	81 581.25
19	武汉理工大产业集团有限公司	78 473.57
20	南京大学资产经营有限公司	73 165.15
21	四川川大科技产业集团有限公司	65 625.33
22	北京科大资产经营有限公司	59 783.79
23	北京林大资产经营有限公司	57 501.90
24	西南大学资产经营有限公司	53 733.65
25	重庆大学资产经营有限责任公司	51 938.43

（续表）

排名	单　　位	资产总额
26	北京交大资产经营有限公司	38 670.76
27	厦门大学资产经营有限公司	34 290.06
28	武汉大学资产经营投资管理有限责任公司	33 723.90
29	北京北邮资产经营有限公司	32 956.20
30	陕西师范大学资产经营有限责任公司	28 527.16
31	武汉华中师大资产经营管理有限公司	27 705.72
32	北京中传资产管理有限公司	26 206.24
33	北京中农大地科技发展有限公司	26 097.87
34	西安长大资产经营有限公司	24 002.06
35	上海华理资产经营有限公司	22 478.41
36	北京北化大投资有限公司	21 568.63
37	吉林吉大控股有限公司	19 821.00
38	成都电子科大资产经营有限公司	19 460.00
39	杨凌农科大资产经营有限公司	16 417.29
40	吉林东北师大资产经营有限公司	13 180.00
41	四川西南财大资产经营有限公司	12 403.61
42	江苏河海大学资产经营有限公司	12 217.66
43	哈尔滨东北林业大学资产经营有限公司	12 141.86
44	上海华东师大资产经营有限公司	11 291.06
45	青岛中国海洋大学控股有限公司	10 863.16
46	陕西西安电子科大资产经营有限公司	10 858.58
47	合肥工业大学资产经营有限公司	9821.37
48	上海财大产业投资管理有限公司	9706.00
49	北京中石大新元投资有限公司	9693.00
50	江南大学资产管理经营有限公司	9390.72

（2）营业收入

2013 年度教育部直属高校资产公司收入总额为 1666.81 亿元，占教育部直属高校校办企业收入总额（1881.13 亿元）的 88.61%，其中，收入总额排名前五位的教育部直属高校资产公司分别是北大资产经营有限公司、清华控股有限公司、东北大学科技企业集团有限公司、上海同济资产经营有限公司和广州中大控股有限公司（见表 6－4）。利润总额排名前五位的教育部直属高校资产公司营业收入为 1445.16 亿元，占教育部直属高校资产公司收入总额的 86.7%。

表 6－4　教育部直属高校资产公司营业收入排名前五十的企业情况一览表

单位：万元

排名	单　　位	营业收入
1	北大资产经营有限公司	7 687 181.37
2	清华控股有限公司	4 596 638.00
3	东北大学科技产业集团有限公司	930 591.11
4	上海同济资产经营有限公司	715 270.20
5	广州中大控股有限公司	521 904.96
6	武汉华中科技大产业集团有限公司	423 742.18
7	山东山大产业集团有限公司	186 146.23
8	上海交大产业投资管理集团有限公司	166 190.17
9	浙江大学圆正控股集团有限公司	152 396.04
10	成都西南交通大学产业（集团）有限公司	147 741.82
11	西安交大资产经营有限公司	106 667.64
12	广州华南理工大学资产经营有限公司	106 455.95
13	中南大学资产经营有限公司	94 149.86
14	北京林大资产经营有限公司	78 215.16
15	江苏东南大学资产经营有限公司	60 982.10
16	南京大学资产经营有限公司	55 124.76
17	人大世纪科技发展有限公司	53 801.02
18	上海复旦资产经营有限公司	50 437.07

（续表）

排名	单　　位	营业收入
19	大连理工大学产业投资有限公司	43 663.00
20	武汉理工大产业集团有限公司	41 975.81
21	北京科大资产经营有限公司	36 730.42
22	西安长大资产经营有限公司	35 446.48
23	厦门大学资产经营有限公司	34 811.74
24	湖南大学资产经营有限公司	32 209.11
25	西南大学资产经营有限公司	32 079.42
26	重庆大学资产经营有限责任公司	28 885.72
27	北京中石大新元投资有限公司	27 769.00
28	四川川大科技产业集团有限公司	24 641.17
29	北京交大资产经营有限公司	24 008.55
30	北京中地大投资管理有限责任公司	15 184.66
31	哈尔滨东北林业大学资产经营有限公司	15 145.46
32	陕西师范大学资产经营有限责任公司	13 621.15
33	北京北化大投资有限公司	13 013.02
34	武汉华中师大资产经营管理有限公司	9613.07
35	江南大学资产管理经营有限公司	8955.55
36	上海华东师大资产经营有限公司	8614.44
37	徐州中国矿业大学资产经营有限公司	8507.70
38	北京师大资产经营有限公司	8147.03
39	江苏河海大学资产经营有限公司	7991.25
40	吉林东北师大资产经营有限公司	7685.00
41	四川西南财大资产经营有限公司	6208.79
42	北京中传资产管理有限公司	5764.68
43	成都电子科大资产经营有限公司	5626.00
44	北京中农大地科技发展有限公司	5488.46

（续表）

排名	单　位	营业收入
45	青岛中国海洋大学控股有限公司	5405.67
46	杨凌农科大资产经营有限公司	4003.88
47	上海华理资产经营有限公司	3539.36
48	陕西西安电子科大资产经营有限公司	3454.85
49	武汉大学资产经营投资管理有限责任公司	2149.20
50	上海财大产业投资管理有限公司	2099.00

（3）利润总额

2013年度教育部直属高校资产公司实现利润总额为85.03亿元，占教育部直属高校校办企业实现利润总额（97.65亿元）的87.08%，比2012年度教育部直属高校资产公司利润总额（79.51亿元）增加了5.52亿元，增长率为6.94%，其中，利润总额排名前五位的教育部直属高校资产公司分别是北大资产经营有限公司、清华控股有限公司、东北大学科技产业集团有限公司、上海同济资产经营有限公司和山东山大产业集团有限公司（见表6-5）。利润总额排名前五位的教育部直属高校资产公司利润总额为66.48亿元，占教育部直属高校资产公司利润总额的78.18%。

表6-5　教育部直属高校资产公司利润总额排名前五十的企业情况一览表

单位：万元

排名	单　位	利润总额
1	北大资产经营有限公司	265 342.08
2	清华控股有限公司	230 522.00
3	东北大学科技产业集团有限公司	64 508.98
4	上海同济资产经营有限公司	61 553.52
5	山东山大产业集团有限公司	42 876.38
6	广州中大控股有限公司	24 321.69
7	武汉华中科技大产业集团有限公司	22 060.80

（续表）

排名	单　　位	利润总额
8	浙江大学圆正控股集团有限公司	20 960.17
9	广州华南理工大学资产经营有限公司	15 538.41
10	成都西南交通大学产业（集团）有限公司	13 992.07
11	上海交大产业投资管理集团有限公司	10 468.15
12	上海复旦资产经营有限公司	9849.43
13	人大世纪科技发展有限公司	8464.87
14	北京林大资产经营有限公司	6393.35
15	西安交大资产经营有限公司	5689.93
16	大连理工大学产业投资有限公司	5072.00
17	西南大学资产经营有限公司	4540.71
18	江苏东南大学资产经营有限公司	4288.50
19	南京大学资产经营有限公司	3770.78
20	四川川大科技产业集团有限公司	3625.27
21	中南大学资产经营有限公司	3622.76
22	重庆大学资产经营有限责任公司	3174.36
23	北京交大资产经营有限公司	2219.31
24	吉林吉大控股有限公司	2143.00
25	武汉理工大产业集团有限公司	1978.92
26	成都电子科大资产经营有限公司	1810.00
27	厦门大学资产经营有限公司	1357.23
28	湖南大学资产经营有限公司	1350.12
29	武汉大学资产经营投资管理有限责任公司	1298.30
30	西安长大资产经营有限公司	1255.03
31	北京科大资产经营有限公司	1168.57
32	徐州中国矿业大学资产经营有限公司	1047.10
33	北京中地大投资管理有限责任公司	830.76

（续表）

排名	单　　位	利润总额
34	上海华理资产经营有限公司	739.1
35	上海财大产业投资管理有限公司	734
36	陕西师范大学资产经营有限责任公司	711.88
37	北京中石大新元投资有限公司	570
38	四川西南财大资产经营有限公司	541.77
39	北京师大资产经营有限公司	446.21
40	北京华电天德资产经营有限公司	308.51
41	北京中农大地科技发展有限公司	245.27
42	陕西西安电子科大资产经营有限公司	177.13
43	江苏河海大学资产经营有限公司	152.21
44	合肥工业大学资产经营有限公司	148.76
45	青岛中国海洋大学控股有限公司	120.93
46	吉林东北师大资产经营有限公司	102
47	中财大投资顾问（北京）有限公司	74.61
48	江苏省中国药科大学控股有限公司	70.32
49	上海华东师大资产经营有限公司	66.97
50	北京北中资产管理有限公司	64.85

2. 教育部直属高校校办企业财务能力评价

(1) 规模竞争力

① 资产总额

2013年年末教育部直属高校校办企业的资产总额为3167.06亿元，其中资产总额排名前五位的教育部直属高校校办企业分别是北大方正集团有限公司、同方股份有限公司、紫光集团有限公司、北大资源集团有限公司、启迪控股股份有限公司。资产总额排名前五位的教育部直属高校校办企业资产总额为1923.8亿元，占教育部直属高校校办企业资产总额的60.74%。2013年度教育部直属高校校办企业资产总额排名前五十位的企业情况如表6－6所列。

表6-6 教育部直属高校校办企业资产总额排名前五十的企业情况一览表

单位：万元

排名	单位名称	资产总计
1	北大方正集团有限公司	9 317 763.39
2	同方股份有限公司	4 256 759.00
3	紫光集团有限公司	2 608 324.02
4	北大资源集团有限公司	1 799 552.70
5	启迪控股股份有限公司	1 255 615.00
6	东软集团股份有限公司	919 014.96
7	北京北大青鸟软件系统有限公司	880 521.41
8	上海同济科技实业股份有限公司	655 484.00
9	华工科技产业股份有限公司	417 296.58
10	同济大学建筑设计研究院（集团）有限公司	343 706.00
11	诚志股份有限公司	333 004.11
12	外语教学与研究出版社有限责任公司	270 397.35
13	大连东软控股有限公司	230 369.00
14	清控人居建设有限公司	216 308.99
15	广州中大产业集团有限公司	207 581.65
16	广州中山医医药有限公司	199 893.18
17	西安交大教育投资管理有限公司	197 777.01
18	辽宁省路桥建设集团有限公司	197 075.91
19	北京北大科技园建设开发有限公司	196 931.96
20	上海交大南洋房地产集团有限公司	187 922.41
21	北京北大科技园有限公司	176 611.33
22	武汉天喻信息产业股份有限公司	173 349.29
23	山东山大华特科技股份有限公司	159 174.14
24	清控创业投资有限公司	155 768.71

（续表）

排名	单位名称	资产总计
25	北京师范大学出版社（集团）有限公司	145 595.88
26	上海交大企业管理中心	133 536.25
27	武汉华中数控股份有限公司	130 067.43
28	上海同平投资发展有限公司	124 045.12
29	中山大学达安基因股份有限公司	115 028.37
30	清华大学出版社有限公司	106 310.99
31	上海新南洋股份有限公司	98 659.14
32	成都交大安嘉置业有限公司	95 524.30
33	上海外语教育出版社有限公司	94 431.05
34	上海同济城市规划设计研究院	84 646.00
35	成都运达创新科技有限公司	80 560.17
36	中国人民大学出版社有限公司	76 264.00
37	北京大学出版社有限公司	71 796.15
38	博奥生物集团有限公司	69 655.00
39	成都西南交大投资管理有限公司	64 311.86
40	浙江浙大新宇物业集团有限公司	63 511.86
41	清控资产管理有限公司	58 734.59
42	武汉华工创业投资有限责任公司	58 554.61
43	浙江浙大圆正集团有限公司	57 631.35
44	北京外语音像出版社有限公司	55 879.45
45	沈阳东大冶金科技股份有限公司	54 837.00
46	上海昂立教育科技有限公司	53 604.00
47	北京林大林业科技股份有限公司	51 173.00
48	浙江大学创新技术研究院有限公司	50 795.00
49	浙江大学建筑设计研究院有限公司	50 058.82
50	复旦大学出版社有限公司	48 344.36

② 营业收入

2013 年度教育部直属高校校办企业收入总额为 1881.13 亿元，比 2012 年度教育部直属高校校办企业收入总额（1806.89 亿元）增加了 74.24 亿元，增长率为 4.11%，其中，收入总额排名前五位的教育部直属高校校办企业分别是北大方正集团有限公司、同方股份有限公司、启迪控股股份有限公司、东软集团股份有限公司、北大资源集团有限公司。收入总额排名前五位的教育部直属高校校办企业营业收入总额为 1147.89 亿元，占教育部直属高校校办企业收入总额的 61.02%。2013 年度教育部直属高校校办企业营业收入排名前五十位的企业情况如表 6－7 所列。

表 6－7 教育部直属高校校办企业营业收入排名前五十的企业情况一览表

单位：万元

排名	单位名称	营业收入
1	北大方正集团有限公司	6 798 972.13
2	同方股份有限公司	2 265 014.00
3	启迪控股股份有限公司	933 236.00
4	东软集团股份有限公司	745 275.32
5	北大资源集团有限公司	736 372.90
6	广州中大产业集团有限公司	418 500.88
7	广州中山医医药有限公司	410 641.46
8	诚志股份有限公司	399 993.52
9	上海同济科技实业股份有限公司	370 609.70
10	紫光集团有限公司	355 368.28
11	北京中南大科技发展有限公司	320 000.00
12	清控人居建设有限公司	308 690.95
13	同济大学建筑设计研究院（集团）有限公司	191 376.00
14	辽宁省路桥建设集团有限公司	180 410.33
15	华工科技产业股份有限公司	177 737.49
16	外语教学与研究出版社有限责任公司	139 218.67

（续表）

排名	单位名称	营业收入
17	武汉天喻信息产业股份有限公司	127 054.68
18	上海交大企业管理中心	118 750.01
19	山东山大华特科技股份有限公司	109 534.17
20	上海交大南洋房地产集团有限公司	93 321.74
21	中山大学达安基因股份有限公司	85 407.83
22	北京北大青鸟软件系统有限公司	83 358.31
23	北京师范大学出版社（集团）有限公司	80 158.22
24	上海同济城市规划设计研究院	75 752.00
25	北京林大林业科技股份有限公司	75 213.00
26	大连东软控股有限公司	68 922.00
27	上海昂立教育科技有限公司	63 014.00
28	浙江浙大新宇物业集团有限公司	60 747.59
29	上海新南洋股份有限公司	56 518.39
30	清控创业投资有限公司	56 045.07
31	清华大学出版社有限公司	54 681.11
32	武汉华中数控股份有限公司	49 994.19
33	华南理工大学建筑设计研究院	49 599.70
34	成都交大安嘉置业有限公司	49 211.24
35	中国人民大学出版社有限公司	47 361.00
36	杭州浙大同力后勤集团有限公司	46 100.56
37	西安交大教育投资管理有限公司	42 627.29
38	浙江大学建筑设计研究院有限公司	41 299.37
39	北京大学出版社有限公司	36 615.10
40	华东师范大学出版社有限公司	35 469.70
41	沈阳东创贵金属材料有限公司	34 551.00

（续表）

排名	单位名称	营业收入
42	北京北大科技园建设开发有限公司	33 244.94
43	上海外语教育出版社有限公司	32 450.07
44	沈阳东大冶金科技股份有限公司	31 940.00
45	成都运达创新科技有限公司	31 082.71
46	武汉南华高速船舶工程股份有限公司	29 476.93
47	北京石大中油油品销售有限责任公司	27 640.00
48	上海交大教育服务产业投资管理集团有限公司	27 634.78
49	北京外语音像出版社有限公司	27 469.72
50	东南大学建筑设计研究院有限公司	26 504.00

③ 利润总额

2013 年度教育部直属高校校办企业实现利润总额为 97.65 亿元，比 2012 年度教育部直属高校校办企业利润总额（89.99 亿元）增加了 7.66 亿元，增长率为 8.51%，其中，利润总额排名前五位的教育部直属高校校办企业分别是北大方正集团有限公司、同方股份有限公司、启迪控股股份有限公司、东软集团股份有限公司、北大资源集团有限公司。利润总额排名前五位的教育部直属高校校办企业利润总额为 48.47 亿元，占教育部直属高校校办企业利润总额的 49.64%。2013 年度教育部直属高校校办企业利润总额排名前五十位的企业情况如表 6-8 所列。

表 6-8　教育部直属高校校办企业利润总额排名前五十的企业情况一览表

单位：万元

排名	单位名称	利润总额
1	北大方正集团有限公司	220 672.63
2	同方股份有限公司	131 599.00
3	启迪控股股份有限公司	52 573.00
4	东软集团股份有限公司	44 513.02

（续表）

排名	单位名称	利润总额
5	北大资源集团有限公司	35 303.30
6	紫光集团有限公司	33 032.60
7	山东山大华特科技股份有限公司	32 018.73
8	外语教学与研究出版社有限责任公司	30 301.49
9	上海同济科技实业股份有限公司	26 022.93
10	同济大学建筑设计研究院（集团）有限公司	22 689.00
11	清控人居建设有限公司	19 952.92
12	中山大学达安基因股份有限公司	17 100.96
13	大连东软控股有限公司	13 799.00
14	上海同济城市规划设计研究院	13 218.00
15	清华大学出版社有限公司	13 165.39
16	北京师范大学出版社（集团）有限公司	12 285.18
17	北京北大科技园建设开发有限公司	11 803.39
18	成都运达创新科技有限公司	10 652.34
19	上海外语教育出版社有限公司	10 070.02
20	武汉天喻信息产业股份有限公司	9972.68
21	上海交大南洋房地产集团有限公司	9518.43
22	浙江浙大新宇物业集团有限公司	9104.27
23	华南理工大学建筑设计研究院	8985.06
24	重庆学苑房地产开发有限公司	8983.80
25	上海交大企业管理中心	8852.13
26	华工科技产业股份有限公司	8550.50
27	诚志股份有限公司	7770.58
28	武汉华工创业投资有限责任公司	7499.24
29	中国人民大学出版社有限公司	7333.00

（续表）

排名	单位名称	利润总额
30	北京大学出版社有限公司	6978.76
31	广州中山医医药有限公司	6881.23
32	广州中大产业集团有限公司	6875.28
33	西安交大产业（集团）总公司	6533.09
34	北京林大林业科技股份有限公司	6362.00
35	华东师范大学出版社有限公司	5419.74
36	北京北大青鸟软件系统有限公司	5043.09
37	上海昂立教育科技有限公司	4977.59
38	复旦大学出版社有限公司	4658.37
39	重庆西南师范大学出版社有限公司	4546.01
40	北京交大创新科技中心	4030.00
41	广州华工大集团有限公司	3731.23
42	浙江大学科技园发展有限公司	3613.00
43	浙江大学建筑设计研究院有限公司	3558.05
44	山东地纬计算机软件有限公司	3469.90
45	浙江大学出版社有限责任公司	3120.98
46	大连理工大学出版社有限公司	3100.00
47	山东山大电力技术有限公司	3095.55
48	山东大学出版社有限公司	3049.02
49	武汉华宏资产经营管理有限公司	2827.83
50	上海新南洋股份有限公司	2627.25

（2）偿债能力

从总体上看，教育部直属高校校办企业偿债能力较强。从流动比率看，排在前三位的企业是天津大学滨海工业研究院有限公司、清华核能技术研究（北京）有限公司、北京京师图灵数媒科技有限公司，流动比率分别高达 1727、

1505、990。从速动比率来看，排在前三位的企业是北京京师图灵数媒科技有限公司、厦门嘉庚教育发展有限公司、北京茂达科技贸易公司，速动比率分别是990、963.6、623.5。现金比率排在前三位的企业是上海复旦金融与期货研究所、上海同济生物医药技术有限公司、清华核能技术研究（北京）有限公司，现金比率分别是1756、1750、1505。资产负债率排名前三位的企业是华南理工大学精细化工厂、南开大学金工仪器厂、济南大工科技有限公司，资产负债率分别是13.64、12.40、10.13。

2013年度教育部直属高校校办企业流动比率排名前五十位的企业情况如表6－9所列。

表6－9　教育部直属高校校办企业流动比率排名前五十的企业情况一览表

排名	公司名称	流动比率
1	天津大学滨海工业研究院有限公司	1726.9091
2	清华核能技术研究（北京）有限公司	1505.0000
3	北京京师图灵数媒科技有限公司	990.0000
4	厦门嘉庚教育发展有限公司	963.6078
5	北京茂达科技贸易公司	623.5000
6	山东山大科技集团公司	600.3065
7	上海同济医学发展有限公司	367.8409
8	广州华图信息中心	264.8333
9	长春格林仿生工程技术有限公司	243.1429
10	上海复旦高技术公司	235.9970
11	鑫益达科技有限公司	218.6604
12	中传北广（北京）文化传媒产业有限公司	158.8966
13	北京中财实业总公司	155.3835
14	北京中大东方中医药科技有限公司	145.0435
15	合肥工大复合材料高新技术开发有限公司	143.8691
16	杨凌西北农林科大科技园有限公司	129.0487
17	北京同一蓝天教育科技有限公司	124.0181

（续表）

排名	公司名称	流动比率
18	江苏南京农大科技开发有限责任公司	122.6046
19	北京交大铁科科技园有限公司	118.8671
20	北京赛莱科贸有限公司	112.1852
21	江苏中宜金大环保产业技术研究院有限公司	109.5240
22	浙江全科医学临床与教育杂志社	109.4947
23	广州市家庭医生在线咨询有限公司	102.8000
24	武汉新能源汽车工业技术研究院有限公司	101.2370
25	南京大学科技园发展有限公司	100.9450
26	北京时代网格科技发展有限公司	88.6443
27	浙江大学创新技术研究院有限公司	87.5957
28	成都天佑聚源产业园区管理有限公司	86.1920
29	西南师范大学电子科技开发服务中心	80.4706
30	广州市中大物业管理有限公司	69.4017
31	山东华茂实业发展总公司	68.7024
32	江苏南大生活服务中心	62.8692
33	北京中农震亚饲料科技开发有限公司	61.7134
34	黄山市黄山区世纪太平文化科技有限公司	59.5000
35	大连理工大学科技园有限公司	59.0000
36	北京思农种业有限公司	55.7077
37	中国药科大学神农宾馆	53.6089
38	天津市并联精密机械有限公司	45.4525
39	天津渤海高科科技有限公司	41.9951
40	广州中大视听科技有限公司	41.8029
41	上海华大旅行社有限公司	40.8571
42	电力系统及其自动化学报杂志社	39.8390

（续表）

排名	公司名称	流动比率
43	天津市天大建学科技开发有限公司	36.7322
44	上海同济技术转移服务有限公司	35.9698
45	上海上外印务中心	35.1917
46	长春东北师大科技开发中心	33.0000
47	重庆大学建设工程质量检测中心	32.2857
48	北京图信文化发展有限公司	31.8608
49	北京思农种业有限公司	55.7077
50	中国药科大学神农宾馆	53.6089

2013年度教育部直属高校校办企业速动比率排名前五十位的企业情况如表6－10所列。

表6－10　教育部直属高校校办企业速动比率排名前五十的企业情况一览表

排名	公司名称	速动比率
1	北京京师图灵数媒科技有限公司	990.0000
2	厦门嘉庚教育发展有限公司	963.6078
3	北京茂达科技贸易公司	623.5000
4	山东山大科技集团公司	600.3065
5	上海同济医学发展有限公司	367.8409
6	广州华图信息中心	264.8333
7	长春格林仿生工程技术有限公司	243.1429
8	上海复旦高技术公司	235.9970
9	鑫益达科技有限公司	180.2260
10	中传北广（北京）文化传媒产业有限公司	158.2069
11	北京中财实业总公司	153.3548
12	北京中大东方中医药科技有限公司	145.0435

（续表）

排名	公司名称	速动比率
13	合肥工大复合材料高新技术开发有限公司	141.6373
14	杨凌西北农林科大科技园有限公司	129.0487
15	江苏南京农大科技开发有限责任公司	122.6046
16	北京交大铁科科技园有限公司	118.8671
17	北京同一蓝天教育科技有限公司	114.9457
18	江苏中宜金大环保产业技术研究院有限公司	109.5240
19	浙江全科医学临床与教育杂志社	104.6421
20	广州市家庭医生在线咨询有限公司	102.8000
21	武汉新能源汽车工业技术研究院有限公司	101.2370
22	南京大学科技园发展有限公司	100.9450
23	浙江大学创新技术研究院有限公司	87.5957
24	北京时代网格科技发展有限公司	86.9429
25	成都天佑聚源产业园区管理有限公司	86.1920
26	西南师范大学电子科技开发服务中心	80.4706
27	广州市中大物业管理有限公司	69.4017
28	北京赛莱科贸有限公司	66.0185
29	山东华茂实业发展总公司	65.0476
30	江苏南大生活服务中心	62.8692
31	北京中农震亚饲料科技开发有限公司	61.4449
32	黄山市黄山区世纪太平文化科技有限公司	59.5000
33	中国药科大学神农宾馆	53.5798
34	天津市并联精密机械有限公司	45.1403
35	天津渤海高科科技有限公司	41.9951
36	广州中大视听科技有限公司	41.8029
37	上海华大旅行社有限公司	40.8571

（续表）

排名	公司名称	速动比率
38	电力系统及其自动化学报杂志社	39.8390
39	大连理工大学科技园有限公司	38.7500
40	上海同济技术转移服务有限公司	35.9445
41	上海上外印务中心	34.3114
42	长春东北师大科技开发中心	33.0000
43	重庆大学建设工程质量检测中心	32.2857
44	北京图信文化发展有限公司	31.7924
45	天津市天大建学科技开发有限公司	31.4686
46	浙江大学农业科技园有限公司	30.7362
47	上海贝奥科技开发公司	28.0698
48	上海复勤实业公司	27.9090
49	西安交大文化投资有限公司	25.9767
50	南京农大动物医院有限责任公司	25.6409

2013 年度教育部直属高校校办企业现金比率排名前五十位的企业情况如表 6－11所列。

表 6－11　教育部直属高校校办企业现金比率排名前五十的企业情况一览表

排名	公司名称	现金比率
1	上海复旦金融与期货研究所	1756.0000
2	上海同济生物医药技术有限公司	1750.5000
3	清华核能技术研究（北京）有限公司	1505.0000
4	湖南中资科技创业投资有限公司	421.6731
5	上海同济医学发展有限公司	366.9379
6	北京茂达科技贸易公司	336.5000
7	广州华图信息中心	264.8333

（续表）

排名	公司名称	现金比率
8	上海复旦高技术公司	235.9970
9	长春格林仿生工程技术有限公司	224.0952
10	北京中大东方中医药科技有限公司	145.0000
11	江苏南京农大科技开发有限责任公司	121.9520
12	北京交大铁科科技园有限公司	118.8671
13	北京同一蓝天教育科技有限公司	114.9457
14	合肥工大复合材料高新技术开发有限公司	114.4198
15	浙江全科医学临床与教育杂志社	104.6316
16	广州市家庭医生在线咨询有限公司	102.8000
17	武汉新能源汽车工业技术研究院有限公司	100.7168
18	北京时代网格科技发展有限公司	86.9438
19	浙江大学创新技术研究院有限公司	86.7847
20	成都天佑聚源产业园区管理有限公司	86.1920
21	西南师范大学电子科技开发服务中心	80.1765
22	广州市中大物业管理有限公司	69.4017
23	北京赛莱科贸有限公司	66.0185
24	北京中农震亚饲料科技开发有限公司	61.4211
25	黄山市黄山区世纪太平文化科技有限公司	59.0000
26	山东华茂实业发展总公司	55.9524
27	纳米技术与精密工程杂志社	55.9091
28	江苏中宜金大环保产业技术研究院有限公司	53.0458
29	中国药科大学神农宾馆	45.9256
30	天津市并联精密机械有限公司	41.4706
31	广州中大视听科技有限公司	41.0438
32	上海华大旅行社有限公司	38.6241

（续表）

排名	公司名称	现金比率
33	电力系统及其自动化学报杂志社	37.2966
34	上海同济技术转移服务有限公司	31.9535
35	北京图信文化发展有限公司	31.7924
36	天津市天大建学科技开发有限公司	31.4686
37	上海贝奥科技开发公司	28.0698
38	南京农大动物医院有限责任公司	25.2700
39	上海复勤实业公司	25.0313
40	山东山大科技集团公司	24.6310
41	北京开元数图科技有限公司	23.8380
42	上海医大医学科技投资有限公司	22.0000
43	上海上外印务中心	21.9743
44	南京文天工程检测有限公司	20.6287
45	重庆市软件评测中心有限公司	19.4028
46	广州凯丰酒店管理有限公司	18.5674
47	南京东大下关科技园管理有限公司	18.3008
48	清控国际（香港）有限公司	17.0392
49	上海育师商贸有限公司	16.2580
50	广州中大南沙科技创新产业园有限公司	16.2194

2013年度教育部直属高校校办企业资产负债率排名前五十位的企业情况如表6－12所列。

表6－12 教育部直属高校校办企业资产负债率排名前五十的企业情况一览表

排名	公司名称	资产负债率
1	华南理工大学精细化工厂	13.6364
2	南开大学金工仪器厂	12.3967
3	济南大工科技有限公司	10.1337

（续表）

排名	公司名称	资产负债率
4	长沙高科技创业者杂志社有限公司	8.9561
5	北京青苹果文化发展有限公司	7.7333
6	长安大学环境工程设计研究院	7.3129
7	吉林大学科教仪器厂	5.1923
8	天津创元电子商城管理有限公司	4.6527
9	沈阳东科印务有限责任公司	4.3345
10	南开大学印刷厂	4.2116
11	中国药科大学印刷厂	3.6405
12	天津启元酒店管理有限公司	3.6299
13	北京佳音广播电视发展有限公司	3.5417
14	西安市翠华园宾馆	3.5376
15	西安电子科技大学计算机远动技术研究中心	3.1587
16	青岛海大学术交流中心	2.9566
17	济南矽华科技有限公司	2.8593
18	中国教师杂志社	2.6364
19	济南方兴工贸公司	2.6283
20	华北电力大学（保定）科技书店	2.4728
21	长安大学雁塔印刷厂	2.3565
22	广东现代计算机杂志社	2.1781
23	兰州大学电子技术开发应用研究所	2.0823
24	青岛海大海洋仪器开发有限公司	2.0441
25	保定华电综合服务中心	2.0312
26	四川川大科技产业发展中心	2.0161
27	山东山大科技开发总公司	1.9936
28	南开大学玻璃仪器厂	1.9866

（续表）

排名	公司名称	资产负债率
29	辽宁东科电子市场	1.9696
30	上海联合医学会展有限公司	1.9487
31	上海华健医药科技公司	1.9433
32	北京银盘电子技术有限公司	1.8089
33	天津南大润滑油经营部	1.7788
34	北京师大合创科技平台运营有限公司	1.7530
35	重庆西农食品科技开发有限公司	1.7178
36	北京师大科苑餐饮管理有限责任公司	1.6998
37	长沙中南升华科技发展有限公司	1.6942
38	广州市家庭医生在线信息有限公司	1.6151
39	陕西儿童与健康杂志社	1.5282
40	北京康伴医药科技发展有限公司	1.3971
41	风景园林杂志社	1.3840
42	青岛海洋船务公司	1.3791
43	西安西电科大超元科技有限公司	1.3786
44	西南交通大学驾驶员培训学校	1.3574
45	广州中大建筑设计研究院	1.3332
46	济南山大有色金属铸造有限公司	1.2800
47	西安交大产业（集团）总公司	1.2466
48	无锡江大图书服务有限公司	1.2350
49	长安大学海威机电有限责任公司	1.2264
50	长沙卓越互联网信息服务有限公司	1.1888

2013年度教育部直属高校校办企业偿债能力排名前五十位的企业情况如表6-13。排在前三位的是天津大学滨海工业研究院有限公司、北京化大宏博应用技术研究院有限公司、湖南中资科技创业投资有限公司。

表 6-13　教育部直属高校校办企业偿债能力排名前五十的企业情况一览表

排名	公司名称	偿债能力得分
1	天津大学滨海工业研究院有限公司	100.0000
2	北京化大宏博应用技术研究院有限公司	72.5690
3	湖南中资科技创业投资有限公司	59.3013
4	上海同济生物医药技术有限公司	51.4092
5	上海复旦金融与期货研究所	51.3605
6	清华核能技术研究（北京）有限公司	49.7270
7	北京京师图灵数媒科技有限公司	43.2630
8	厦门嘉庚教育发展有限公司	43.1479
9	北京茂达科技贸易公司	43.0790
10	上海同济医学发展有限公司	42.3239
11	山东山大科技集团公司	42.0112
12	广州华图信息中心	41.6564
13	上海复旦高技术公司	41.4688
14	长春格林仿生工程技术有限公司	41.4551
15	北京中大东方中医药科技有限公司	40.8767
16	合肥工大复合材料高新技术开发有限公司	40.7716
17	江苏南京农大科技开发有限责任公司	40.7288
18	北京交大铁科科技园有限公司	40.7079
19	北京同一蓝天教育科技有限公司	40.6946
20	鑫益达科技有限公司	40.6347
21	浙江全科医学临床与教育杂志社	40.6212
22	广州市家庭医生在线咨询有限公司	40.6020
23	武汉新能源汽车工业技术研究院有限公司	40.5902
24	中传北广（北京）文化传媒产业有限公司	40.5038
25	北京时代网格科技发展有限公司	40.5013

（续表）

排名	公司名称	偿债能力得分
26	浙江大学创新技术研究院有限公司	40.5004
27	成都天佑聚源产业园区管理有限公司	40.4939
28	北京中财实业总公司	40.4847
29	江苏中宜金大环保产业技术研究院有限公司	40.4663
30	西南师范大学电子科技开发服务中心	40.4557
31	北京赛莱科贸有限公司	40.4318
32	广州市中大物业管理有限公司	40.3846
33	杨凌西北农林科大科技园有限公司	40.3651
34	北京中农震亚饲料科技开发有限公司	40.3332
35	山东华茂实业发展总公司	40.3329
36	黄山市黄山区世纪太平文化科技有限公司	40.3186
37	南京大学科技园发展有限公司	40.2783
38	中国药科大学神农宾馆	40.2574
39	天津市并联精密机械有限公司	40.2156
40	广州中大视听科技有限公司	40.2027
41	江苏南大生活服务中心	40.1937
42	上海华大旅行社有限公司	40.1918
43	电力系统及其自动化学报杂志社	40.1842
44	上海同济技术转移服务有限公司	40.1543
45	天津市天大建学科技开发有限公司	40.1457
46	北京图信文化发展有限公司	40.1401
47	上海上外印务中心	40.1185
48	上海贝奥科技开发公司	40.1156
49	天津渤海高科科技有限公司	40.1132
50	纳米技术与精密工程杂志社	40.1106

（3）营运能力

从总体上看，教育部直属高校校办企业营运能力较强。2013 年度教育部直属高校校办企业应收账款周转率排在前三位的是北京师范大学光电仪器厂、上海复旦华富科技有限公司、成都华西牙种植医院，应收账款周转率分别为 2241.62、2202.40、1661.25，应收账款周转的次数多，应收账款回收速度快，营运能力强。从流动资产周转率来看，排在前三位的是辽宁东科电子市场、成都川大商贸服务公司、北京科大方兴加油站有限公司，流动资产周转率分别是 41.68、27.75、22.0678。从固定资产周转率来看，排在前三位的是南开大学出版社有限公司、南开大学图书代办站、南京同正制冷工程有限公司，固定资产周转率分别是 1602.16、1602.16、1525.79。从总资产周转率来看，排在前三位的是北京科大方兴加油站有限公司、北京师奇装饰装潢服务中心、上海数学教学杂志社，总资产周转率分别是 21.42、10.07、9.22。

2013 年度教育部直属高校校办企业应收账款周转率排名前五十位的企业情况如表 6－14 所列。

表 6－14　教育部直属高校校办企业应收账款周转率排名前五十的企业情况一览表

排名	公司名称	应收账款周转率
1	北京师范大学光电仪器厂	2241.6154
2	上海复旦华富科技有限公司	2202.4000
3	成都华西牙种植医院	1661.2464
4	上海东华健利纺织科技有限公司	1658.0000
5	兰州兰大萃英科技发展有限公司	1589.8667
6	华东理工大学服务公司	1436.2857
7	北京育培园商务管理中心	982.5714
8	中山大学综合服务公司	805.1413
9	华南理工大学劳动服务公司	753.2563
10	清华大学出版社有限公司	690.1566
11	西安交大科教仪器总厂	647.2245
12	上海学特教育文化服务有限公司	613.3659

（续表）

排名	公司名称	应收账款周转率
13	北京世纪明德物业管理有限公司	599.0987
14	上海交大科技园有限公司	470.1538
15	深圳武大产学研基地有限公司	457.5714
16	湖南湖大后勤服务有限公司	404.6667
17	上海同济城市规划设计研究院	301.8008
18	西安交通大学科技与教育发展研究院	297.1400
19	大连东软控股有限公司	246.1500
20	中山大学北校区服务公司	222.4000
21	北京化大烛光超市有限公司	209.5155
22	南开大学出版社有限公司	181.3774
23	南开大学图书代办站	181.3774
24	华东师范大学电子音像出版社有限公司	181.0760
25	江苏东大工程检测技术有限公司	177.2075
26	西安交通大学出版社有限责任公司	170.1238
27	杭州浙大精创建筑装饰设计有限公司	165.4800
28	上海丽娃综合商场有限公司	162.5525
29	北京医大时代科技发展有限公司	156.9636
30	北京北医投资管理有限公司	153.4298
31	上海喜天游大酒店有限公司	138.1685
32	重庆卓立建筑工程有限公司	125.5599
33	厦门南强建筑工程公司	121.9034
34	上海化立教育信息咨询有限公司	112.9733
35	上海华大旅行社有限公司	108.8048
36	广东中大岭南图书有限公司	107.6715
37	上海同济建设工程质量检测站	103.5736

（续表）

排名	公司名称	应收账款周转率
38	山东山大后勤服务公司	102.1548
39	上海复旦枫林科技园有限公司	91.5892
40	上海交大技术转移中心	80.0971
41	重庆大学科技企业（集团）有限责任公司	80.0142
42	西安远浩建筑修缮工程队	77.4882
43	山东吕美熔体技术有限公司	77.1547
44	上海同济天地创意设计有限公司	69.8721
45	山东学府酒店管理有限公司	65.5648
46	重庆大学科技园有限责任公司	63.5649
47	青岛海大海洋仪器开发有限公司	61.0696
48	同济医科大学印刷厂（武汉）	58.6434
49	重庆大学电子音像出版社有限公司	56.0458
50	重庆西南大学桂园宾馆有限公司	54.7472

2013年度教育部直属高校校办企业流动资产周转率排名前五十位的企业情况如表6－15所列。

表6－15　教育部直属高校校办企业流动资产周转率排名前五十的企业情况一览表

排名	公司名称	流动资产周转率
1	辽宁东科电子市场	41.6854
2	成都川大商贸服务公司	27.7500
3	北京科大方兴加油站有限公司	22.0678
4	北京师奇装饰装潢服务中心	13.1947
5	上海龙智文化咨询有限公司	10.5099
6	兰州兰大萃英科技发展有限公司	10.2396
7	重庆学涯实业有限公司	10.0662

（续表）

排名	公司名称	流动资产周转率
8	上海中小学英语教学与研究杂志社	9.7376
9	无锡长广溪宾馆有限公司	9.3253
10	天津大学土木工程检测中心	8.5404
11	华南理工大学西湖苑宾馆	8.4867
12	青岛海大培训中心有限公司	7.3350
13	中山大学康乐餐厅	7.2006
14	上海华大旅行社有限公司	5.8467
15	中南大学科技服务中心	5.8401
16	青岛海大建设工程检测鉴定中心	5.7786
17	中国教师杂志社	5.6074
18	沈阳东创贵金属材料有限公司	5.3759
19	合肥工业大学锦怡园宾馆	5.0451
20	青岛海大学术交流中心	4.8712
21	广东中大岭南图书有限公司	4.6441
22	武汉珞珈自强商业服务有限公司	4.6383
23	无锡江大科技文化发展有限公司	4.4180
24	中山大学紫荆园	4.3298
25	上海复旦爆破建设工程有限公司	4.2854
26	上海地理教学杂志社	4.2348
27	武汉弘毅酒店管理有限责任公司	4.1888
28	中山大学综合服务公司	4.1326
29	上海化立教育信息咨询有限公司	4.0992
30	广州中大逸仙环境工程有限公司	4.0890
31	武汉同济科技集团有限公司	3.8818
32	上海喜天游大酒店有限公司	3.8733

（续表）

排名	公司名称	流动资产周转率
33	北京育培园商务管理中心	3.8619
34	广州华南理工大学印刷厂	3.7859
35	北京豪城物业管理公司	3.7258
36	东北大学建筑设计院有限公司	3.7078
37	北京师大科苑餐饮管理有限责任公司	3.6605
38	南京中大酒店管理有限公司	3.6448
39	山东学府酒店管理有限公司	3.6220
40	上海大众汽车同济特约维修站有限公司	3.6085
41	武汉神阳饮品有限公司	3.5657
42	长沙铁院科技开发有限公司	3.5373
43	上海新光华科技服务有限公司	3.5330
44	上海历史教学问题杂志社	3.5204
45	北京师大励耘教育科技发展有限公司	3.4774
46	上海生物学教学杂志社	3.4444
47	北京化大烛光超市有限公司	3.4086
48	江苏南大海外教育服务中心	3.3851
49	长沙中大科星土木工程技术有限公司	3.2674
50	重庆大学专利中心	3.2000

2013年度教育部直属高校校办企业固定资产周转率排名前五十位的企业情况如表6－16所列。

表6－16　教育部直属高校校办企业固定资产周转率排名前五十的企业情况一览表

排名	公司名称	固定资产周转率
1	南开大学出版社有限公司	1602.1667
2	南开大学图书代办站	1602.1667

（续表）

排名	公司名称	固定资产周转率
3	南京同正制冷工程有限公司	1525.7943
4	杭州浙大精创建筑幕墙设计有限公司	1512.7059
5	上海复旦计算机设备厂	1500.0000
6	上海教德综合服务部	1426.6667
7	厦门南强建筑工程公司	1305.2420
8	北京化大群星科技公司	1204.3022
9	北京科大方兴加油站有限公司	1123.1601
10	北京科技大学设计研究院有限公司	1050.2088
11	杭州浙大精创建筑装饰设计有限公司	973.4118
12	浙江全科医学临床与教育杂志社	971.0000
13	重庆学苑房地产开发有限公司	836.6523
14	杭州浙大精创建设工程咨询有限公司	725.9489
15	武汉华科教育科技有限公司	666.6758
16	上海华大旅行社有限公司	635.4200
17	华东师范大学化学教学服务部	582.5714
18	厦门建南文化创意公司	541.2500
19	重庆西南大学出国留学服务中心有限公司	541.1333
20	中山大学劳动服务公司	511.1737
21	吉林吉大致远资产经营有限公司	498.5338
22	北京中南大科技发展有限公司	490.6847
23	中国教师杂志社	488.6667
24	南京东大科技服务中心有限公司	482.8923
25	北京开元数图科技有限公司	458.5306
26	成都迪健华西口腔科技有限公司	404.6481
27	兰州大学应用技术研究院有限责任公司	375.9262

（续表）

排名	公司名称	固定资产周转率
28	北京市仁达书报资料咨询服务公司	356.6757
29	上海交大安地规划建筑设计有限公司	344.1172
30	广东中大岭南图书有限公司	342.5938
31	北京紫光嘉捷物业管理有限公司	325.7561
32	上海复旦枫林科技园有限公司	316.3992
33	上海复旦天欣科教仪器有限公司	313.8000
34	重庆大学科技园有限责任公司	308.4074
35	广州中山医医药有限公司	286.6767
36	广州中大产业集团有限公司	284.8563
37	北京师大合创科技平台运营有限公司	282.8281
38	厦门建南环境艺术有限公司	272.4848
39	上海大华工贸有限公司	254.2267
40	中山大学综合服务公司	253.2410
41	青岛海大国际教育交流中心有限公司	249.7725
42	上海新光华科技服务有限公司	237.4023
43	北京大学医学出版社有限公司	223.5833
44	浙江大学能源工程设计研究院	214.0000
45	北京首科兴业工程技术有限公司	194.7180
46	四川大学工程设计研究院	192.6571
47	重庆卓立建筑工程有限公司	191.7399
48	武汉交通科技研究院有限责任公司	189.5842
49	成都锐教实验技术有限公司	188.9396
50	长沙高科技创业者杂志社有限公司	185.0816

2013年度教育部直属高校校办企业总资产周转率排名前五十位的企业情况如表6－17所列。

表6－17　教育部直属高校校办企业总资产周转率排名前五十的企业情况一览表

排名	公司名称	总资产周转率
1	北京科大方兴加油站有限公司	21.4159
2	北京师奇装饰装潢服务中心	10.0686
3	上海数学教学杂志社	9.2165
4	上海中小学英语教学与研究杂志社	8.3908
5	中国教师杂志社	6.1114
6	青岛海大导游服务有限公司	5.7143
7	沈阳东创贵金属材料有限公司	5.7114
8	上海历史教学问题杂志社	5.6469
9	厦门南强建筑工程公司	5.2493
10	天津大学土木工程检测中心	5.1633
11	上海华大旅行社有限公司	4.9538
12	吉林吉大致远资产经营有限公司	4.6047
13	上海龙智文化咨询有限公司	4.5244
14	上海地理教学杂志社	4.4720
15	武汉珞珈自强商业服务有限公司	4.3842
16	无锡江大科技文化发展有限公司	4.3560
17	成都川大商贸服务公司	4.3423
18	兰州兰大萃英科技发展有限公司	4.2884
19	中山大学康乐餐厅	3.8979
20	广东中大岭南图书有限公司	3.8403
21	上海新光华科技服务有限公司	3.7800
22	长沙中大科星土木工程技术有限公司	3.7570
23	上海生物学教学杂志社	3.6578
24	华南理工大学西湖苑宾馆	3.6350
25	东北大学建筑设计院有限公司	3.6299

（续表）

排名	公司名称	总资产周转率
26	青岛海大学术交流中心	3.6022
27	北京化大烛光超市有限公司	3.5434
28	上海大众汽车同济特约维修站有限公司	3.4277
29	北京豪城物业管理公司	3.3158
30	江苏南大海外教育服务中心	3.2883
31	合肥工业大学锦怡园宾馆	3.2427
32	上海化立教育信息咨询有限公司	3.1693
33	上海全球教育展望杂志社	3.1443
34	北大培文教育文化产业（北京）有限公司	3.1120
35	合肥工大共达工程检测试验有限公司	3.0888
36	广州中大逸仙环境工程有限公司	3.0529
37	浙江大学城乡规划设计研究院有限公司	3.0372
38	辽宁东科电子市场	3.0366
39	中山大学劳动服务公司	3.0242
40	东北大学图书代办站	2.9137
41	武汉同济科技集团有限公司	2.8676
42	无锡长广溪宾馆有限公司	2.7952
43	广州中大城乡规划设计研究院有限公司	2.7691
44	济南意达医药有限责任公司	2.7540
45	北京紫竹花苑酒楼有限公司	2.7478
46	上海育师商贸有限公司	2.7319
47	重庆大学专利中心	2.6851
48	青岛海大培训中心有限公司	2.6628
49	北京师大励耘教育科技发展有限公司	2.6477
50	青岛海大建设工程检测鉴定中心	2.6397

2013年度教育部直属高校校办企业营运能力排名前五十位的企业情况如表6－18所列。排名前三位的是苏州东大科技园发展有限公司、上海华申中外文化交流服务有限公司、武汉同济科技集团有限公司。

表6－18 教育部直属高校校办企业营运能力排名前五十的企业情况一览表

排名	公司名称	营运能力得分
1	苏州东大科技园发展有限公司	100.0000
2	上海华申中外文化交流服务有限公司	78.0263
3	武汉同济科技集团有限公司	74.1219
4	北京科大方兴加油站有限公司	67.3684
5	杭州浙大精创建筑节能科技有限公司	61.8231
6	四川医疗器械生物材料和制品检验中心	59.8538
7	重庆学涯实业有限公司	57.5622
8	华南理工大学西湖苑宾馆	55.3783
9	北京开元数图科技有限公司	50.6029
10	华东理工大学科技服务部	50.1812
11	北京师范大学光电仪器厂	49.6078
12	上海复旦华富科技有限公司	49.4175
13	上海东华健利纺织科技有限公司	47.1473
14	兰州兰大萃英科技发展有限公司	46.8198
15	青岛海大国际旅行社	46.3315
16	华东理工大学服务公司	46.1818
17	北京育培园商务管理中心	44.1911
18	中山大学综合服务公司	43.8606
19	南开大学出版社有限公司	43.5364
20	南开大学图书代办站	43.5364
21	华南理工大学劳动服务公司	43.2188
22	清华大学出版社有限公司	42.9272

（续表）

排名	公司名称	营运能力得分
23	上海学特教育文化服务有限公司	42.8241
24	厦门南强建筑工程公司	42.7698
25	西安交大科教仪器总厂	42.7430
26	南京同正制冷工程有限公司	42.6560
27	杭州浙大精创建筑幕墙设计有限公司	42.6130
28	上海复旦计算机设备厂	42.5823
29	北京世纪明德物业管理有限公司	42.5674
30	杭州浙大精创建筑装饰设计有限公司	42.3650
31	北京化大群星科技公司	42.0698
32	上海交大科技园有限公司	41.9736
33	深圳武大产学研基地有限公司	41.9234
34	北京科技大学设计研究院有限公司	41.8018
35	湖南湖大后勤服务有限公司	41.6984
36	上海华大旅行社有限公司	41.5566
37	重庆学苑房地产开发有限公司	41.5022
38	上海同济城市规划设计研究院	41.4084
39	杭州浙大精创建设工程咨询有限公司	41.2622
40	西安交通大学科技与教育发展研究院	41.2349
41	武汉华科教育科技有限公司	41.1624
42	广东中大岭南图书有限公司	41.0360
43	大连东软控股有限公司	41.0148
44	华东师范大学化学教学服务部	41.0035
45	北京化大烛光超市有限公司	40.9764
46	中山大学北校区服务公司	40.9388
47	中山大学劳动服务公司	40.9368

（续表）

排名	公司名称	营运能力得分
48	江苏东大工程检测技术有限公司	40.9347
49	吉林吉大致远资产经营有限公司	40.9334
50	厦门建南文化创意公司	40.9144

（4）盈利能力

从总体上看，教育部直属高校校办企业盈利能力强。2013年度教育部直属高校校办企业净资产收益率排名前三位的企业是广州市家庭医生在线信息有限公司、兰州大学电子技术开发应用研究所、武汉城苑监理工程有限公司，净资产收益率分别是20.66、4.48、3.55。净资产收益率排名前五十位的企业平均净资产收益率为1.459254，净资产收益率高，企业的盈利能力强。从总资产净利润率看，排在前三位的是中山大学高建校用家具厂、武汉华宏资产经营管理有限公司、陕西儿童与健康杂志社，总资产净利润率分别是7.09、5.78、0.92。从资产报酬率来看，排在前三位的是武汉华宏资产经营管理有限公司、中山大学高建校用家具厂、惠州市武大产学研基地有限责任公司，资产报酬率分别是7.96、7.09、0.96。流动资产净利润率排名前三位的是中山大学高建校用家具厂、上海数学教学杂志社、西安交大科教仪器总厂，流动资产净利润率分别是7.09、2.32、0.96。

2013年度教育部直属高校校办企业净资产收益率排名前五十位的企业情况如表6－19所列。

表6－19　教育部直属高校校办企业净资产收益率排名前五十的企业情况一览表

排名	公司名称	净资产收益率
1	广州市家庭医生在线信息有限公司	20.6553
2	兰州大学电子技术开发应用研究所	4.4764
3	武汉城苑监理工程有限公司	3.5488
4	上海联合医学会展有限公司	3.3453
5	无锡长广溪宾馆有限公司	2.9627

（续表）

排名	公司名称	净资产收益率
6	中山大学综合服务公司	2.3893
7	合肥共达印刷厂	2.0755
8	青岛海大海洋仪器开发有限公司	2.0293
9	北京师大合创科技平台运营有限公司	1.9754
10	成都市川华达科学仪器厂	1.9217
11	成都川亚工程技术总承包公司	1.7808
12	四川盛德文化发展有限公司	1.6280
13	吉林大学科教仪器厂	1.4219
14	陕西天奎生物医药科技有限公司	1.3051
15	北京紫光泰和通环保技术有限公司	0.9686
16	青岛海大科技咨询开发公司生物标本厂	0.9239
17	惠州市武大产学研基地有限责任公司	0.9142
18	苏州世纪明德文化科技园有限公司	0.8893
19	济南山大有色金属铸造有限公司	0.8478
20	上海数学教学杂志社	0.8427
21	中工武大诚信工程顾问（湖北）有限公司	0.7748
22	杭州圆正启真酒店有限公司	0.7724
23	浙江大学城乡规划设计研究院有限公司	0.7677
24	济南方智管理咨询有限责任公司	0.7368
25	华东师范大学电子音像出版社有限公司	0.7329
26	上海交大安地规划建筑设计有限公司	0.6807
27	兰州大学应用技术研究院有限责任公司	0.6701
28	武汉精典风景园林有限公司	0.6572
29	四川大学生物材料工程研究中心	0.6424

（续表）

排名	公司名称	净资产收益率
30	山东山大电气科学研究所	0.6095
31	南京东大预应力工程有限责任公司	0.6072
32	广州中大进出口贸易有限公司	0.6012
33	中国海洋大学环境保护研究中心	0.5757
34	杭州浙大精创市政交通设计有限公司	0.5208
35	广东华工工程建设监理有限公司	0.5193
36	武汉大学北京研究院	0.5031
37	南京同正制冷工程有限公司	0.4854
38	广州中大城乡规划设计研究院有限公司	0.4652
39	山东地纬计算机软件有限公司	0.4550
40	同济大学建筑设计研究院（集团）有限公司	0.4217
41	厦门大学出版社有限责任公司	0.4192
42	山东山大鸥玛软件有限公司	0.4071
43	上海复旦枫林科技园有限公司	0.3989
44	江苏南大海外教育服务中心	0.3973
45	北京北大科技园建设开发有限公司	0.3816
46	上海师睦房屋经营管理有限公司	0.3779
47	山东大学出版社有限公司	0.3751
48	山东山大电力技术有限公司	0.3694
49	北京师范大学音像电子出版社有限责任公司	0.3678
50	长沙中大建设监理公司	0.3673

2013年度教育部直属高校校办企业总资产净利润率排名前五十位的企业情况如表6－20所列。

表 6-20 教育部直属高校校办企业总资产净利润率排名前五十的企业情况一览表

排名	公司名称	总资产净利润率
1	中山大学高建校用家具厂	7.0908
2	武汉华宏资产经营管理有限公司	5.7846
3	陕西儿童与健康杂志社	0.9190
4	惠州市武大产学研基地有限责任公司	0.8425
5	西安交大科教仪器总厂	0.8207
6	上海数学教学杂志社	0.5338
7	武汉城苑监理工程有限公司	0.5000
8	山东山大电气科学研究所	0.4577
9	中工武大诚信工程顾问（湖北）有限公司	0.4386
10	西安交大产业（集团）总公司	0.3968
11	广东华工工程建设监理有限公司	0.3432
12	江苏南大海外教育服务中心	0.3310
13	长沙卓越互联网信息服务有限公司	0.2995
14	山东大学出版社有限公司	0.2751
15	南京大学城市规划设计研究院有限公司	0.2618
16	西安交大康桥建筑规划设计研究院有限公司	0.2592
17	重庆学涯实业有限公司	0.2530
18	重庆学苑房地产开发有限公司	0.2508
19	杭州圆正启真酒店有限公司	0.2468
20	上海复旦高技术公司	0.2407
21	北大培文教育文化产业（北京）有限公司	0.2403
22	大连理工大学土木建筑设计研究院有限公司	0.2402
23	山东地纬计算机软件有限公司	0.2276
24	广州华新科实业有限公司	0.2244
25	湖南湘雅集团有限公司	0.2136

（续表）

排名	公司名称	总资产净利润率
26	南京东大预应力工程有限责任公司	0.2068
27	东华大学出版社有限公司	0.2007
28	武汉精典风景园林有限公司	0.1999
29	南京大学出版社有限公司	0.1961
30	山东山大鸥玛软件有限公司	0.1958
31	华东理工大学服务公司	0.1929
32	华东师范大学电子音像出版社有限公司	0.1924
33	广州中大城乡规划设计研究院有限公司	0.1921
34	北京赛莱科贸有限公司	0.1888
35	浙江大学城乡规划设计研究院有限公司	0.1880
36	山东山大华特科技股份有限公司	0.1876
37	华南理工大学建筑设计研究院	0.1866
38	南京大学环境规划设计研究院有限公司	0.1861
39	上海复旦枫林科技园有限公司	0.1849
40	中国海洋大学环境保护研究中心	0.1845
41	合肥工业大学出版社有限责任公司	0.1813
42	兰州大学出版社有限责任公司	0.1796
43	上海二医张江生物材料有限公司	0.1766
44	西藏川大华西医药科技有限公司	0.1757
45	南京同正制冷工程有限公司	0.1756
46	华东师范大学科教仪器厂	0.1752
47	北京大学音像出版社有限公司	0.1727
48	鑫益达科技有限公司	0.1687
49	苏州东大科技园发展有限公司	0.1685
50	武汉华胜工程建设科技有限公司	0.1621

2013年度教育部直属高校校办企业资产报酬率排名前五十位的企业情况如表6-21所列。

表6-21 教育部直属高校校办企业资产报酬率排名前五十的企业情况一览表

排名	公司名称	资产报酬率
1	武汉华宏资产经营管理有限公司	7.9603
2	中山大学高建校用家具厂	7.0908
3	惠州市武大产学研基地有限责任公司	0.9623
4	陕西儿童与健康杂志社	0.9190
5	西安交大科教仪器总厂	0.8288
6	上海数学教学杂志社	0.5338
7	西安交大产业（集团）总公司	0.5171
8	中工武大诚信工程顾问（湖北）有限公司	0.5029
9	武汉城苑监理工程有限公司	0.5000
10	山东山大电气科学研究所	0.4577
11	广东华工工程建设监理有限公司	0.4576
12	江苏南大海外教育服务中心	0.4413
13	南京大学城市规划设计研究院有限公司	0.3491
14	杭州圆正启真酒店有限公司	0.3458
15	大连理工大学土木建筑设计研究院有限公司	0.3211
16	北大培文教育文化产业（北京）有限公司	0.3203
17	长沙卓越互联网信息服务有限公司	0.2995
18	西安交大康桥建筑规划设计研究院有限公司	0.2950
19	重庆学苑房地产开发有限公司	0.2866
20	山东大学出版社有限公司	0.2760
21	南京东大预应力工程有限责任公司	0.2757
22	华东理工大学服务公司	0.2655
23	武汉精典风景园林有限公司	0.2590
24	山东地纬计算机软件有限公司	0.2590

（续表）

排名	公司名称	资产报酬率
25	南京大学环境规划设计研究院有限公司	0.2580
26	浙江大学城乡规划设计研究院有限公司	0.2567
27	广州中大城乡规划设计研究院有限公司	0.2560
28	上海复旦枫林科技园有限公司	0.2480
29	中国海洋大学环境保护研究中心	0.2476
30	上海复旦高技术公司	0.2454
31	重庆学涯实业有限公司	0.2416
32	兰州大学出版社有限责任公司	0.2395
33	上海二医张江生物材料有限公司	0.2381
34	南京同正制冷工程有限公司	0.2326
35	山东山大鸥玛软件有限公司	0.2295
36	西藏川大华西医药科技有限公司	0.2261
37	华南理工大学建筑设计研究院	0.2253
38	苏州东大科技园发展有限公司	0.2247
39	广州华新科实业有限公司	0.2244
40	山东山大华特科技股份有限公司	0.2183
41	北京京港湾宾馆有限公司	0.2145
42	湖南湘雅集团有限公司	0.2136
43	武汉华胜工程建设科技有限公司	0.2130
44	无锡江大科技文化发展有限公司	0.2073
45	济南方智管理咨询有限责任公司	0.2069
46	上海二医生物工程有限公司	0.2037
47	北京赛莱科贸有限公司	0.2031
48	东华大学出版社有限公司	0.2007
49	中山大学北校区服务公司	0.1994
50	华东师范大学科教仪器厂	0.1964

2013 年度教育部直属高校校办企业流动资产净利润率排名前五十位的企业情况如表 6－22 所列。

表 6－22　教育部直属高校校办企业流动资产净利润率排名前五十企业情况一览表

排名	公司名称	流动资产净利润率
1	中山大学高建校用家具厂	7.0908
2	上海数学教学杂志社	2.3184
3	西安交大科教仪器总厂	0.9634
4	陕西儿童与健康杂志社	0.9449
5	惠州市武大产学研基地有限责任公司	0.8834
6	鑫益达科技有限公司	0.7167
7	大连理工领先集团有限公司	0.6886
8	深圳武大产学研基地有限公司	0.6816
9	山东山大鸥玛软件有限公司	0.6061
10	山东山大电气科学研究所	0.5961
11	西安交大产业（集团）总公司	0.5501
12	湖南湘雅集团有限公司	0.5340
13	武汉城苑监理工程有限公司	0.5157
14	中工武大诚信工程顾问（湖北）有限公司	0.4904
15	广州华新科实业有限公司	0.4010
16	江苏南大海外教育服务中心	0.3940
17	山东山大华特科技股份有限公司	0.3931
18	上海交大科技园有限公司	0.3877
19	山东大学出版社有限公司	0.3877
20	上海复旦企业发展有限公司	0.3728
21	浙江大学科技园发展有限公司	0.3649
22	杭州圆正启真酒店有限公司	0.3628
23	长沙卓越互联网信息服务有限公司	0.3532
24	广东华工工程建设监理有限公司	0.3482

（续表）

排名	公司名称	流动资产净利润率
25	上海复旦高技术公司	0.3359
26	武汉华宏资产经营管理有限公司	0.3320
27	广州中大中山医科科技开发有限公司	0.3132
28	山东山大科技园发展有限公司	0.3044
29	南京大学城市规划设计研究院有限公司	0.2829
30	大连理工大学土木建筑设计研究院有限公司	0.2778
31	武汉华工创业投资有限责任公司	0.2715
32	西安交大康桥建筑规划设计研究院有限公司	0.2649
33	重庆学苑房地产开发有限公司	0.2576
34	山东学府酒店管理有限公司	0.2545
35	山东地纬计算机软件有限公司	0.2523
36	北大培文教育文化产业（北京）有限公司	0.2456
37	武汉精典风景园林有限公司	0.2221
38	厦门大学出版社有限责任公司	0.2206
39	大连理工现代工程检测有限公司	0.2204
40	中山大学达安基因股份有限公司	0.2199
41	青岛海大培训中心有限公司	0.2146
42	南京大学出版社有限公司	0.2126
43	北京京港湾宾馆有限公司	0.2114
44	东华大学出版社有限公司	0.2082
45	南京东大预应力工程有限责任公司	0.2081
46	北京中南大科技发展有限公司	0.2080
47	华南理工大学建筑设计研究院	0.2064
48	济南方智管理咨询有限责任公司	0.2029
49	南京大学环境规划设计研究院有限公司	0.2026
50	浙江大学城乡规划设计研究院有限公司	0.2015

2013年度教育部直属高校校办企业盈利能力排名前五十位的企业情况如表6-23所列。排名前三位的是广州市家庭医生在线信息有限公司、中山大学高建校用家具厂、武汉城苑监理工程有限公司。

表6-23　教育部直属高校校办企业盈利能力排名前五十的企业情况一览表

排名	公司名称	盈利能力得分
1	广州市家庭医生在线信息有限公司	100.0000
2	中山大学高建校用家具厂	70.2750
3	武汉城苑监理工程有限公司	53.5678
4	兰州大学电子技术开发应用研究所	50.3583
5	上海数学教学杂志社	49.1314
6	无锡长广溪宾馆有限公司	48.0146
7	惠州市武大产学研基地有限责任公司	46.8658
8	中山大学综合服务公司	46.3189
9	合肥共达印刷厂	45.5912
10	上海联合医学会展有限公司	45.5086
11	成都川亚工程技术总承包公司	45.1207
12	成都市川华达科学仪器厂	44.6439
13	中工武大诚信工程顾问（湖北）有限公司	44.1922
14	四川盛德文化发展有限公司	44.0196
15	山东山大电气科学研究所	43.8671
16	杭州圆正启真酒店有限公司	43.3685
17	陕西天奎生物医药科技有限公司	43.1552
18	广东华工工程建设监理有限公司	42.7882
19	浙江大学城乡规划设计研究院有限公司	42.7414
20	苏州世纪明德文化科技园有限公司	42.6503
21	济南方智管理咨询有限责任公司	42.5320
22	华东师范大学电子音像出版社有限公司	42.5264
23	山东山大鸥玛软件有限公司	42.5171

（续表）

排名	公司名称	盈利能力得分
24	江苏南大海外教育服务中心	42.4548
25	武汉精典风景园林有限公司	42.4450
26	南京东大预应力工程有限责任公司	42.2776
27	青岛海大科技咨询开发公司生物标本厂	42.2363
28	兰州大学应用技术研究院有限责任公司	42.1157
29	中国海洋大学环境保护研究中心	42.0541
30	山东大学出版社有限公司	42.0489
31	上海交大安地规划建筑设计有限公司	41.9832
32	山东地纬计算机软件有限公司	41.8868
33	鑫益达科技有限公司	41.8763
34	南京大学城市规划设计研究院有限公司	41.8167
35	湖南湘雅集团有限公司	41.7599
36	广州中大城乡规划设计研究院有限公司	41.7296
37	四川大学生物材料工程研究中心	41.7048
38	西安交大康桥建筑规划设计研究院有限公司	41.6955
39	南京同正制冷工程有限公司	41.6875
40	广州华新科实业有限公司	41.6709
41	大连理工大学土木建筑设计研究院有限公司	41.6383
42	北京紫光泰和通环保技术有限公司	41.6240
43	深圳武大产学研基地有限公司	41.5607
44	大连理工领先集团有限公司	41.4904
45	山东山大华特科技股份有限公司	41.4761
46	上海复旦枫林科技园有限公司	41.4570
47	北大培文教育文化产业（北京）有限公司	41.4507
48	南京大学环境规划设计研究院有限公司	41.3948
49	上海复旦高技术公司	41.3863
50	华东理工大学服务公司	41.3683

（5）现金流量能力

从盈余现金保障倍数看，排在前三位的是重庆大学专利中心、北京交大科技发展中心、北京北邮在线网络科技有限责任公司，盈余现金保障倍数分别是570、535.53、464.29。排名前五十位的企业平均盈余现金保障倍数值为147.95，前五十名中有16家超过平均数，大部分企业现金流量能力仍有提升的空间。从资产的现金流量回报率看，排在前三位的是北京中传大视文化发展有限公司、天津大学土木工程检测中心、沈阳东创贵金属材料有限公司，资产的现金流量回报率分别是13.96、6.29、6.01。

2013年度教育部直属高校校办企业盈余现金保障倍数排名前五十位的企业情况如表6－24所列。

表6－24 教育部直属高校校办企业盈余现金保障倍数排名前五十企业情况一览表

排名	公司名称	盈余现金保障倍数
1	重庆大学专利中心	570.0000
2	北京交大科技发展中心	535.5250
3	北京北邮在线网络科技有限责任公司	464.2857
4	北京邮通科贸有限公司	455.7381
5	兰州兰大科技开发有限公司	408.8276
6	杭州浙大精创建筑幕墙设计有限公司	377.0000
7	西安交大康桥实业有限公司	282.9228
8	上海全球教育展望杂志社	280.5000
9	北京海淀农大书店	277.5000
10	上海同平投资发展有限公司	272.8412
11	天津药典标准仪器厂	246.2500
12	北京科大印刷有限公司	225.4595
13	北京师大科苑餐饮管理有限责任公司	200.0000
14	上海心理科学杂志社	195.2500
15	上海上外印务中心	192.5175

（续表）

排名	公司名称	盈余现金保障倍数
16	北京京师图灵数媒科技有限公司	164.3333
17	北京北化大科益精细化工有限公司	137.4737
18	南京东大栖霞科技园管理有限公司	130.3690
19	陕西西电科大科技园管理有限公司	129.2549
20	上海上外健身中心	128.9250
21	上海大众心理学杂志社	127.0606
22	沈阳东创贵金属材料有限公司	103.1330
23	兰州兰大科技广场有限公司	99.0788
24	上海交大技术转移中心	97.5742
25	南京大学科技实业集团公司	83.8845
26	江苏南京农大科技开发有限责任公司	78.3377
27	吉林吉大致远资产经营有限公司	73.4271
28	西安电子科技大学丰泽电子科技有限公司	69.3676
29	成都西南交大科技产业发展有限责任公司	69.2967
30	杭州浙大精创风景园林设计有限公司	64.4886
31	四川交大工程检测咨询有限公司	63.8554
32	重庆西南大学出国留学服务中心有限公司	63.7872
33	杨凌新时代商业运营管理有限公司	59.6250
34	重庆大学电子音像出版社有限公司	58.1508
35	北京燕园天地科技有限公司	57.5270
36	哈尔滨东林建筑工程有限公司	55.6164
37	成都西南交大投资管理有限公司	51.5724
38	北京北外宾馆国际文化交流中心	40.7350
39	西安交大教育投资管理有限公司	39.9057
40	北京化工大学教育培训中心	39.8944

（续表）

排名	公司名称	盈余现金保障倍数
41	上海交大机械有限公司	38.3000
42	北京北外宾馆	35.3068
43	长春市气辅科技开发有限公司	34.2854
44	北京中地大工程勘察设计研究院有限责任公司	33.6761
45	兰州爱华化学化工公司	33.3333
46	北京对外经济贸易大学出版社有限责任公司	33.1008
47	上海永丰余印务有限公司	30.3824
48	华东理工常熟研究院有限公司	30.3817
49	上海丽娃环境艺术设计有限公司	30.0000
50	武汉华中师大资产经营管理有限公司	27.6730

2013年度教育部直属高校校办企业资产的现金流量回报率排名前五十位的企业情况如表6-25所列。

表6-25　教育部直属高校校办企业资产的现金流量回报率排名前五十企业情况一览表

排名	公司名称	资产的现金流量回报率
1	北京中传大视文化发展有限公司	13.9609
2	天津大学土木工程检测中心	6.2958
3	沈阳东创贵金属材料有限公司	6.0160
4	上海复旦爆破建设工程有限公司	4.0275
5	北京地大国际会议中心有限公司	2.3908
6	北京财鑫宾馆	2.2086
7	济南方智管理咨询有限责任公司	2.1087
8	天津药典标准仪器厂	2.0351
9	兰州兰大科技开发有限公司	1.9775
10	天津大学滨海工业研究院有限公司	1.8478

（续表）

排名	公司名称	资产的现金流量回报率
11	山东拓普液压气动有限公司	1.0386
12	涿州中农涿园科技开发有限公司	0.9857
13	广州市中大物业管理有限公司	0.9533
14	北京海淀农大书店	0.9455
15	长春南岭车辆检测有限公司	0.8931
16	上海全球教育展望杂志社	0.8702
17	惠州市武大产学研基地有限责任公司	0.8405
18	北京京师普教文化传媒有限公司	0.8305
19	同济医科大学印刷厂（武汉）	0.8195
20	华东师范大学电子音像出版社有限公司	0.7863
21	四川川大经济技术发展有限公司	0.7548
22	北京中农大动物医院有限公司	0.7324
23	北京对外经济贸易大学出版社有限责任公司	0.6817
24	南京东大栖霞科技园管理有限公司	0.6671
25	北京东方瀚科技发展有限公司	0.6632
26	长安大学城市规划设计研究院	0.6496
27	上海大众心理学杂志社	0.6332
28	西安交大康桥实业有限公司	0.6269
29	南京东大江宁科技园管理有限公司	0.6230
30	辽宁东大冷弯型钢有限公司	0.6227
31	四川大学生物材料工程研究中心	0.6086
32	上海东学信息技术有限公司	0.5858
33	西藏川大华西医药科技有限公司	0.5759
34	西南交通大学现代管理研修学院	0.5751
35	西安长达宾馆	0.5634

（续表）

排名	公司名称	资产的现金流量回报率
36	南京东大下关科技园管理有限公司	0.5611
37	杭州浙大精创市政交通设计有限公司	0.5488
38	北京北林宾馆	0.5409
39	西安市翠华园宾馆	0.5376
40	南京东大建邺科技园管理有限公司	0.5211
41	陕西建筑工程建设监理公司	0.5181
42	西安交大产业（集团）总公司	0.5096
43	杭州浙大精创风景园林设计有限公司	0.4979
44	青岛海大学术交流中心	0.4911
45	苏州东大科技园发展有限公司	0.4885
46	海安武大技术转移中心有限公司	0.4875
47	西安远浩建筑修缮工程队	0.4843
48	上海华爱食品有限公司	0.4833
49	吉林吉大致远资产经营有限公司	0.4833
50	北外在线（北京）教育科技有限公司	0.4797

2013年度教育部直属高校校办企业现金流量能力排名前五十位的企业情况如表6－26所列。教育部直属高校校办企业现金流量能力排名前三位的是北京化大群星科技公司、北京环峰化工机械实验厂、清华同方光盘电子出版社。

表6－26　教育部直属高校校办企业现金流量能力排名前五十的企业情况一览表

排名	公司名称	现金流量能力得分
1	北京化大群星科技公司	100.0000
2	北京环峰化工机械实验厂	90.4349
3	清华同方光盘电子出版社	82.7456
4	涿州中农涿园科技开发有限公司	71.1469

（续表）

排名	公司名称	现金流量能力得分
5	重庆大学专利中心	69.3365
6	北京交大科技发展中心	67.5465
7	北京北邮在线网络科技有限责任公司	63.7887
8	北京邮通科贸有限公司	63.3601
9	兰州兰大科技开发有限公司	60.9535
10	杭州浙大精创建筑幕墙设计有限公司	59.2134
11	西安交大康桥实业有限公司	54.2939
12	上海全球教育展望杂志社	54.1753
13	北京海淀农大书店	54.0204
14	上海同平投资发展有限公司	53.7129
15	天津药典标准仪器厂	52.4176
16	北京科大印刷有限公司	51.2658
17	北京师大科苑餐饮管理有限责任公司	49.9198
18	上海心理科学杂志社	49.6701
19	上海上外印务中心	49.5317
20	北京京师图灵数媒科技有限公司	48.0090
21	北京北化大科益精细化工有限公司	46.6340
22	南京东大栖霞科技园管理有限公司	46.2837
23	陕西西电科大科技园管理有限公司	46.2136
24	上海上外健身中心	46.1907
25	上海大众心理学杂志社	46.1088
26	沈阳东创贵金属材料有限公司	45.0417
27	兰州兰大科技广场有限公司	44.6279
28	上海交大技术转移中心	44.5418
29	南京大学科技实业集团公司	43.8201

（续表）

排名	公司名称	现金流量能力得分
30	江苏南京农大科技开发有限责任公司	43.5342
31	吉林吉大致远资产经营有限公司	43.2869
32	成都西南交大科技产业发展有限责任公司	43.0668
33	西安电子科技大学丰泽电子科技有限公司	43.0300
34	杭州浙大精创风景园林设计有限公司	42.8180
35	重庆西南大学出国留学服务中心有限公司	42.7718
36	四川交大工程检测咨询有限公司	42.7696
37	杨凌新时代商业运营管理有限公司	42.5504
38	重庆大学电子音像出版社有限公司	42.4754
39	北京燕园天地科技有限公司	42.4511
40	哈尔滨东林建筑工程有限公司	42.3282
41	成都西南交大投资管理有限公司	42.1030
42	北京北外宾馆国际文化交流中心	41.5662
43	北京化工大学教育培训中心	41.5251
44	西安交大教育投资管理有限公司	41.5125
45	上海交大机械有限公司	41.4314
46	北京北外宾馆	41.2706
47	长春市气辅科技开发有限公司	41.1933
48	北京中地大工程勘察设计研究院有限责任公司	41.1829
49	北京对外经济贸易大学出版社有限责任公司	41.1761
50	兰州爱华化学化工公司	41.1666

（6）成长能力

教育部直属高校校办企业成长能力良好。从资本保值增值率看，排在前三位的是北京师大合创科技平台运营有限公司、成都川亚工程技术总承包公司、西安电子科技大学丰泽电子科技有限公司，资本保值增值率分别是161.34、

17.26、17.07，排在前五十位的企业资本保值增值率平均值是7.58，资本保值增值率越高，表明企业的资本保全状况越好，成长能力越强。从净利润增长率看，排在前三位的是北京赛莱科贸有限公司、北京北大明德科技发展有限公司、合肥共达印刷厂，净利润增长率分别是520.5、117.61、115.11。营业收入增长率排在前三位的是北京北大科技园有限公司、重庆学苑房地产开发有限公司、北京中传扬帆影视文化有限公司，营业收入增长率分别是34.66、32.65、20.74。

2013年度教育部直属高校校办企业资本保值增值率排名前五十位的企业情况如表6－27所列。

表6－27　教育部直属高校校办企业资本保值增值率排名前五十的企业情况一览表

排名	公司名称	资本保值增值率
1	北京师大合创科技平台运营有限公司	161.3417
2	成都川亚工程技术总承包公司	17.2611
3	西安电子科技大学丰泽电子科技有限公司	17.0651
4	鑫益达科技有限公司	13.8569
5	成都川大科华苑宾馆	10.7258
6	西安电子科技大学计算机远动技术研究中心	10.1667
7	四川盛德文化发展有限公司	9.7323
8	上海历史教学问题杂志社	8.5882
9	清控资产管理有限公司	7.9154
10	重庆西南大学桂园宾馆有限公司	6.0397
11	东北大学自动化工程技术开发公司	5.8377
12	吉林大学科教仪器厂	5.7368
13	西安西电科大超元科技有限公司	5.0568
14	江苏中宜金大环保产业技术研究院有限公司	4.8403
15	陕西天奎生物医药科技有限公司	4.7560
16	天大科技园有限公司	4.4784
17	西安交大技术成果转移有限责任公司	4.2205

（续表）

排名	公司名称	资本保值增值率
18	西安交大教育投资管理有限公司	4.1842
19	紫光集团有限公司	3.8973
20	大连理工营口研究院有限公司	3.8083
21	中国药科大学保健品厂	3.4436
22	武汉交通科技研究院有限责任公司	3.3104
23	沈阳科东物业管理有限公司	3.2336
24	无锡长广溪宾馆有限公司	3.0816
25	湖南升华房地产开发有限公司	3.0715
26	北京紫光泰和通环保技术有限公司	2.8780
27	青岛海大科技咨询开发公司生物标本厂	2.7170
28	惠州市武大产学研基地有限责任公司	2.6838
29	苏州世纪明德文化科技园有限公司	2.6129
30	华西医科大学印刷厂	2.5066
31	上海数学教学杂志社	2.4563
32	清控人居建设有限公司	2.2863
33	杭州圆正启真酒店有限公司	2.2584
34	浙江大学城乡规划设计研究院有限公司	2.2546
35	长安大学环境工程设计研究院	2.0396
36	北京交大铁科科技园有限公司	2.0339
37	上海交大安地规划建筑设计有限公司	2.0318
38	南京农大动物医院有限责任公司	2.0295
39	武汉精典风景园林有限公司	1.9789
40	北京市昌平石大石油化工新技术开发研究所	1.9623
41	济南山大有色金属铸造有限公司	1.9614
42	四川大学生物材料工程研究中心	1.9464

（续表）

排名	公司名称	资本保值增值率
43	上海上外国际文化交流中心	1.9358
44	保定华电科源电气有限公司	1.9100
45	南京东大预应力工程有限责任公司	1.8689
46	沈阳东科印务有限责任公司	1.8508
47	中国海洋大学环境保护研究中心	1.8079
48	北京交大建筑勘察设计院有限公司	1.7797
49	广州华新科实业有限公司	1.7627
50	成都电子科大出版社有限责任公司	1.7574

2013年度教育部直属高校校办企业净利润增长率排名前五十位的企业情况如表6-28所列。

表6-28 教育部直属高校校办企业净利润增长率排名前五十的企业情况一览表

排名	公司名称	净利润增长率
1	北京赛莱科贸有限公司	520.5000
2	北京北大明德科技发展有限公司	117.6061
3	合肥共达印刷厂	115.1111
4	天大百睿精密仪器技术有限公司	101.0000
5	北京中农震亚饲料科技开发有限公司	85.2279
6	北京北邮信息网络产业研究院有限公司	76.8919
7	杨凌华逸科技发展有限公司	64.5556
8	华西医科大学印刷厂	64.1333
9	天津市天大赛奇节能技术有限公司	62.3043
10	北京天韵京师酒店管理有限公司	49.0000
11	沈阳东大新冶金技术有限公司	38.3333
12	上海华教印务有限公司	35.7143

（续表）

排名	公司名称	净利润增长率
13	南京东大预应力工程有限责任公司	32.7688
14	北京师大合创科技平台运营有限公司	32.5599
15	广州华南理工大学印刷厂	31.5793
16	北京交大创新科技中心	30.4862
17	成都市川华达科学仪器厂	27.8261
18	北京北广映画数码科技有限公司	27.4299
19	北京朝阳三环旅社	27.2051
20	武汉华工建设发展有限公司	26.8347
21	青岛海大科技培训学校	26.7368
22	吉林吉大文化传播有限公司	26.3820
23	北京科大永兴科技有限公司	25.9831
24	南京东南大学出版社有限公司	20.0606
25	华中理工大学印刷厂	18.3386
26	上海华师网络系统工程有限责任公司	18.1196
27	北京中农大科技开发有限责任公司	16.5833
28	北大培文教育文化产业（北京）有限公司	15.3723
29	上海联合医学会展有限公司	15.1447
30	中国矿业大学徐州招待所	14.6341
31	青岛海大工程勘察设计开发院有限公司	14.3607
32	天津大学出版社有限责任公司	14.2442
33	武汉大学出版社有限责任公司	14.0349
34	广东中大粤科投资有限公司	13.8345
35	西安公路交大建设监理公司	13.3750
36	北京北医医疗投资有限公司	12.2500
37	武汉华宏资产经营管理有限公司	10.5361

（续表）

排名	公司名称	净利润增长率
38	北京石大中油油品销售有限责任公司	10.0556
39	北京交大建筑勘察设计院有限公司	10.0400
40	上海育师商贸有限公司	9.8718
41	广州中大南沙科技创新产业园有限公司	9.6883
42	湖南外教社图书发行有限公司	9.6786
43	北京北语留学服务中心	9.4799
44	苏州世纪明德文化科技园有限公司	9.3750
45	上海同济新产业发展公司	8.8819
46	北京矿大物业管理有限公司	7.8333
47	沈阳东大兴科置业有限公司	7.7909
48	杨凌农林科大数码冲印有限公司	7.7848
49	上海华申中外文化交流服务有限公司	7.7551
50	上海师睦房屋经营管理有限公司	7.7198

2013年度教育部直属高校校办企业营业收入增长率排名前五十位的企业情况如表6－29所列。

表6－29　教育部直属高校校办企业营业收入增长率排名前五十的企业情况一览表

排名	公司名称	营业收入增长率
1	北京北大科技园有限公司	34.6629
2	重庆学苑房地产开发有限公司	32.6513
3	北京中传扬帆影视文化有限公司	20.7362
4	四川西南交大兴建置业有限公司	10.9656
5	西安公路交大公路工程检测中心	10.6263
6	陕西建筑工程建设监理公司	9.4789
7	武汉华中大技术转移有限公司	8.8306

（续表）

排名	公司名称	营业收入增长率
8	青岛海大科技咨询开发公司海洋仪器厂	8.2059
9	梧桐出版有限公司	8.1943
10	杨凌华逸科技发展有限公司	7.3620
11	中国海洋大学环境保护研究中心	7.2907
12	长春东北师大科技开发中心	6.8571
13	北京中大东方中医药科技有限公司	5.8144
14	北京中传文创物业管理有限责任公司	5.4096
15	大连理工大学科技园有限公司	4.6250
16	广州中大旅游规划设计研究院有限公司	3.6887
17	上海俄罗斯研究杂志社	3.5702
18	北京中农大科技开发有限责任公司	3.5277
19	天津大学土木工程检测中心	3.3679
20	天津南大润滑油经营部	3.3478
21	北京中传大视文化发展有限公司	3.1644
22	武汉大学出版社有限责任公司	3.1503
23	厦门大学国家大学科技园有限公司	2.7574
24	扬州交大科技园发展有限公司	2.6916
25	青岛海大培训中心有限公司	2.4639
26	青岛海大新星计算机工程中心	2.2720
27	外研投资发展（北京）有限公司	2.1130
28	厦门大学电子出版社有限责任公司	2.0725
29	北京京师印务有限公司	2.0354
30	四川大学生物材料工程研究中心	2.0347

（续表）

排名	公司名称	营业收入增长率
31	北京京海化工技术公司	2.0315
32	广州新视界光电科技有限公司	1.8973
33	成都川亚工程技术总承包公司	1.7442
34	南开大学印刷厂	1.6139
35	北京地大地质科技公司	1.5861
36	上海交大技术转移中心	1.5405
37	四川西南交大铁路发展有限公司	1.5344
38	广州市中大发展集团有限公司	1.3975
39	上海同济技术转移服务有限公司	1.3789
40	南京农大科贸发展有限公司	1.3758
41	广州中大进出口贸易有限公司	1.3503
42	北京北大科技园建设开发有限公司	1.2888
43	青岛海大科技开发中心	1.2800
44	西安远浩建筑修缮工程队	1.2777
45	上海交大南洋房地产集团有限公司	1.2755
46	上海国佳生化工程技术研究中心有限公司	1.2742
47	北京北邮信息网络产业研究院有限公司	1.2677
48	武汉理工大科技园股份有限公司	1.2611
49	北京燕园天地科技有限公司	1.2494
50	上海财科投资管理有限公司	1.2445

2013 年度教育部直属高校校办企业成长能力排名前五十位的企业情况如表 6－30所列。排在前三位的是北京北大明德科技发展有限公司、北京中农震亚饲料科技开发有限公司、北京北邮信息网络产业研究院有限公司。

表 6－30　教育部直属高校校办企业成长能力排名前五十的企业情况一览表

排名	公司名称	成长能力得分
1	北京北大明德科技发展有限公司	100.0000
2	北京中农震亚饲料科技开发有限公司	82.5323
3	北京北邮信息网络产业研究院有限公司	79.2902
4	杨凌华逸科技发展有限公司	76.6905
5	华西医科大学印刷厂	73.0143
6	天津市天大赛奇节能技术有限公司	70.9609
7	合肥共达印刷厂	69.6480
8	北京天韵京师酒店管理有限公司	64.0977
9	北京北大科技园有限公司	59.9969
10	沈阳东大新冶金技术有限公司	57.7659
11	上海华教印务有限公司	57.1179
12	重庆学苑房地产开发有限公司	56.6623
13	南京东大预应力工程有限责任公司	55.9946
14	北京交大创新科技中心	54.7942
15	广州华南理工大学印刷厂	54.4900
16	青岛海大科技培训学校	52.6471
17	武汉华工建设发展有限公司	52.6385
18	北京朝阳三环旅社	52.5372
19	北京北广映画数码科技有限公司	52.3626
20	北京科大永兴科技有限公司	51.9814
21	吉林吉大文化传播有限公司	51.5602
22	成都川亚工程技术总承包公司	50.2525
23	北京中传扬帆影视文化有限公司	49.9455
24	北京中农大科技开发有限责任公司	49.3718
25	成都市川华达科学仪器厂	49.1859

（续表）

排名	公司名称	成长能力得分
26	南京东南大学出版社有限公司	48.9501
27	华中理工大学印刷厂	48.2947
28	武汉大学出版社有限责任公司	47.8409
29	上海华师网络系统工程有限责任公司	47.3829
30	北大培文教育文化产业（北京）有限公司	46.8182
31	武汉华中大技术转移有限公司	46.4158
32	西安公路交大公路工程检测中心	46.1663
33	青岛海大工程勘察设计开发院有限公司	46.1156
34	中国矿业大学徐州招待所	46.0891
35	天津大学出版社有限责任公司	45.9455
36	西安公路交大建设监理公司	45.4588
37	四川西南交大兴建置业有限公司	45.4517
38	北京交大建筑勘察设计院有限公司	44.7001
39	陕西建筑工程建设监理公司	44.5439
40	苏州世纪明德文化科技园有限公司	44.3136
41	北京北语留学服务中心	43.9641
42	广州中大南沙科技创新产业园有限公司	43.9495
43	梧桐出版有限公司	43.8449
44	青岛海大科技咨询开发公司海洋仪器厂	43.7751
45	湖南外教社图书发行有限公司	43.5954
46	上海育师商贸有限公司	43.4912
47	北京石大中油油品销售有限责任公司	43.4627
48	成都川大科华苑宾馆	43.1335
49	上海同济新产业发展公司	43.0877
50	北京燕园天地科技有限公司	42.9190

（7）财务能力综合评价

2013年度教育部直属高校校办企业财务能力综合评价排名前五十位的企业情况如表6－31所列。排在前两位的是上海华申中外文化交流服务有限公司、武汉同济科技集团有限公司，其资产总额分别为2583.37万元、5975.88万元。排在前五十名的企业资产规模较小，在个别财务指标评价中的表现优于资产规模较大的企业，如北大方正集团有限公司、紫光集团有限公司，因此其财务能力综合评价排名靠前。

表6－31　教育部直属高校校办企业财务能力综合评价排名前五十企业情况一览表

排名	公司名称	财务能力综合评价得分
1	上海华申中外文化交流服务有限公司	100.0000
2	武汉同济科技集团有限公司	93.6581
3	北京科大方兴加油站有限公司	82.9509
4	杭州浙大精创建筑节能科技有限公司	74.1515
5	四川医疗器械生物材料和制品检验中心	71.1598
6	华南理工大学西湖苑宾馆	63.8904
7	北京化大群星科技公司	58.4961
8	北京开元数图科技有限公司	56.5877
9	北京师范大学光电仪器厂	54.8913
10	上海复旦华富科技有限公司	54.3760
11	北京环峰化工机械实验厂	52.6626
12	鑫益达科技有限公司	51.9723
13	上海东华健利纺织科技有限公司	50.9324
14	兰州兰大萃英科技发展有限公司	49.9066
15	青岛海大国际旅行社	49.3365
16	华东理工大学服务公司	49.2206
17	北京交大科技发展中心	46.6249
18	北京育培园商务管理中心	46.0828

（续表）

排名	公司名称	财务能力综合评价得分
19	北京茂达科技贸易公司	46.0383
20	华东理工大学科技服务部	45.8828
21	北京北邮在线网络科技有限责任公司	45.6276
22	北京邮通科贸有限公司	45.5189
23	中山大学综合服务公司	45.4285
24	兰州兰大科技开发有限公司	45.2557
25	南开大学出版社有限公司	45.1559
26	南开大学图书代办站	45.1559
27	华南理工大学劳动服务公司	44.7589
28	清华大学出版社有限公司	44.0240
29	上海学特教育文化服务有限公司	43.9976
30	西安交大科教仪器总厂	43.6800
31	南京同正制冷工程有限公司	43.5342
32	北京世纪明德物业管理有限公司	43.4881
33	上海复旦计算机设备厂	43.3620
34	北京海淀农大书店	43.0674
35	天津药典标准仪器厂	42.6594
36	上海交大科技园有限公司	42.5002
37	深圳武大产学研基地有限公司	42.3879
38	上海上外印务中心	42.2784
39	湖南湖大后勤服务有限公司	42.1546
40	上海华大旅行社有限公司	42.1415
41	北京科技大学设计研究院有限公司	42.1034
42	江苏南京农大科技开发有限责任公司	42.0343
43	重庆学苑房地产开发有限公司	41.8821

（续表）

排名	公司名称	财务能力综合评价得分
44	上海同济城市规划设计研究院	41.5934
45	西安交通大学科技与教育发展研究院	41.4248
46	上海交大技术转移中心	41.3877
47	武汉华科教育科技有限公司	41.2195
48	沈阳东创贵金属材料有限公司	41.2136
49	广东中大岭南图书有限公司	41.1986
50	杭州浙大精创建设工程咨询有限公司	41.78175

6.3　案例分析

6.3.1　公司简介

清华同方股份有限公司于1997年6月25日正式成立，同年6月27日，在上海证券交易所上市（股票代码：600100）。2006年5月30日，清华同方股份有限公司更名为“同方股份有限公司”。

十几年来，公司积极探索科技成果产业化发展之路，紧密依托清华大学等科研院所的人才、科技优势，对一大批国家“八五”攻关项目、“863”项目、国家级重点新产品和国家级火炬计划项目等高科技成果进行产业化。公司陆续培育了安防系统、微电子与核心元器件、知识网络、数字城市、计算机、军工等一系列在国内甚至国际处于领先地位的核心产业群组。公司被国家科技部评为“科技部火炬优秀企业”，并认定为重中之重的高新技术企业。从2010到2013，连续四年，公司在工信部发布的电子信息百强榜单中，均列第15位。

2010年，公司把握经济复苏和国家战略发展带来的巨大机遇，立足于信息技术和节能两个核心行业领域，积极实施结构调整，围绕战略性新兴产业（计算机、数字城市、物联网、安防系统、微电子与核心元器件、知识网络、军工、多媒体、数字电视系统、半导体与照明、节能等业务领域）布局，并依此组建产业本部，同时将原有横向型事业本部管理体制调整为纵向型产业本部管理架构。在产业本部内形成“事业部＋骨干子公司＋生产基地”的组织结构，围绕有自身竞争优势的核心业务，打造产业集群，延伸产业链，通过每个产业本部优化内部资源，提升经营能力，带动公司整体业绩的快速发展。

2013 年以来，公司继续不断完善以构筑完整产业链为核心的经营模式，在十一大产业集群之间沿着产业链上下游进行布局，挖掘和开发关联技术、产品和服务，不断拓宽核心业务领域，构造产业链的竞争优势，发展附加值高的业务领域，并形成了“芯片＋硬件终端＋内容”的互联网服务与终端产业链、“大数据＋软件/硬件＋平台/系统集成”的智慧城市产业链、“军用通信/保障＋安全检查”的公共安全产业链、“建筑节能＋工业节能＋照明＋污水处理/中水回用”全方位的节能环保产业链条。同时，各产业链条之间通过不断交互、支撑和融合，实现了市场开拓，提高了公司整体竞争实力。

6.3.2 公司财务能力现状与评价

1. 财务能力现状

截至 2013 年，同方股份有限公司总资产超过 425 亿元，年营业收入近 230 亿元，利润总额达到 13 亿元，入选“中国电子信息百强”“中国制造业企业 500 强”“中国企业信用 100 强”企业名录。“清华同方”品牌价值已超过 800 亿元，上榜世界品牌 500 强（见表 6－32）。

表 6－32　2013 年度同方股份有限公司财务状况　　单位：万元

财务状况	2013 年
资产	4 256 759.00
负债	2 894 421.00
所有者权益	1 362 338.00
营业收入	2 265 014.00
利润总额	131 599.00
净利润	107 804.00

2. 财务能力评价

(1) 规模竞争力

2013年度，同方股份有限公司总资产超过425亿元，营业收入近230亿元，利润总额达到13亿元。其资产、营业收入、利润总额在教育部直属高校校办企业（不含资产公司）中均排在前三位（见表6-33至表6-35）。

表6-33　2013年教育部直属高校校办企业资产排名前五名　　单位：万元

排名	单　　位	资产总额
1	北大方正集团有限公司	9 317 763.39
2	同方股份有限公司	4 256 759.00
3	紫光集团有限公司	2 608 324.02
4	北大资源集团有限公司	1 799 552.70
5	启迪控股股份有限公司	1 255 615.00

表6-34　2013年教育部直属高校校办企业营业收入排名前五名　　单位：万元

排名	单　　位	营业收入
1	北大方正集团有限公司	6 798 972.13
2	同方股份有限公司	2 265 014.00
3	紫光集团有限公司	355 368.28
4	北大资源集团有限公司	736 372.90
5	启迪控股股份有限公司	933 236.00

表6-35　2013年教育部直属高校校办企业利润总额排名前五名　　单位：万元

排名	单　　位	利润总额
1	北大方正集团有限公司	220 672.63
2	同方股份有限公司	131 599.00
3	紫光集团有限公司	33 032.60
4	北大资源集团有限公司	35 303.30
5	启迪控股股份有限公司	52 573.00

（2）财务能力综合评价

根据同方股份有限公司的财务报表计算出各个财务指标的数值，如表 6－36 所列，再结合层次分析法和功效系数法得出该公司财务能力综合评价得分，如表 6－37 所列。

表 6－36 财务能力综合评价指标值

内　容	评价指标	指标值 X_i
偿债能力	流动比率	0.9178
	速动比率	0.6341
	现金比率	0.2409
	资产负债率	0.6799
营运能力	应收账款周转率	4.0021
	流动资产周转率	1.0633
	总资产周转率	0.5654
	固定资产周转率	4.9333
盈利能力	净资产收益率	0.0844
	总资产净利润率	0.0269
	资产报酬率	0.0328
	流动资产净利润率	0.0544
现金流量能力	盈余现金保障倍数	0.8010
	资产现金流量回报率	0.0202
成长能力	资本保值增值率	1.1438
	净利润增长率	0.199
	营业收入增长率	－0.0094

在财务能力综合评价中，可看出该公司的现金比率为 24%，如果其他流动资产变现能力不强，则偿债可能会存在问题。公司资产负债率处于较高水平，根据该公司 2013 年度年报可知，近年来该公司通过控制对外投资与信贷规模，以及优化资金管理和结算流程等措施来保证营运资金的高效运转，但 2013 年末

公司资产负债率为68%。公司过高的资产负债率与负债融资规模使公司财务费用居高不下，2013年公司财务费用为8.79亿元，公司资本结构需要进一步改善，抗风险能力需进一步增强。在未来的发展中，应当通过统筹资金调度，优化资产结构，充分利用各种金融工具降低资金使用成本；同时，严格控制各项费用支出，加快资金周转速度，合理安排资金使用计划，支持公司的健康快速发展。

表6－37　财务综合评价得分

内　　容	指标评价得分
偿债能力	39.9386
营运能力	39.9867
盈利能力	39.5524
现金流量能力	40.0339
营运能力	40.6579
财务指标综合评价	40.4181

第七章　教育部直属高校校办企业社会贡献评价

7.1　社会贡献概述

企业社会贡献一般与其社会责任相联系，理论界关于企业社会责任的内涵主要存在两种观点：层次责任理论和利益相关者理论。层次责任理论代表人物A. Carroll（1979）提出，企业社会责任是指特定的社会对企业所寄托的经济、法律、伦理和自由决定（慈善）的期望，包括企业经济责任、法律责任、伦理责任和慈善责任。随着可持续发展理论的提出，企业的环保责任也成为人们关注的焦点。利益相关者理论主张企业不但要为股东利益承担责任，还要对消费者、职工、供应商、社区、政府、生态环境等利益相关者的利益承担社会责任。

利益相关者理论清晰地指明了企业社会责任管理的对象及相关责任，具有较强的可操作性，因此，本报告基于利益相关者理论，认为企业的社会贡献是指企业在实现自身可持续发展、保证社会公共利益的前提下，对投资者、政府、职工、社区、消费者及资源环境等利益相关方所做出的贡献。

7.2　高校校办企业社会贡献评价体系和评价模型的构建及评价结果分析

7.2.1　校办企业社会贡献指标评价体系的设计原则

1. 科学性原则

科学性原则要求指标从选取、构成、数据的处理、计算全过程都必须合理、科学、精准，我们在构建校办企业社会贡献指标评价体系时必须有相应的理论基础，做到有据可依，保证最后得到的指标评价体系的有效性。

2. 可比性原则

构建校办企业社会贡献指标评价体系时，还必须遵循可比性的原则，即要保证不同的评价人员在对同一校办企业进行评价时能够得出基本一致的结论，而且对于不同校办企业的评价结果应该能够进行相互比较选优，以满足不同的利益相关者进行投资、监管等决策的需要。

3. 全面性与系统性原则

通过校办企业社会贡献的定义及利益相关者理论可知，社会贡献是多方面的，包括是否为股东取得利润、是否公平诚信地对待消费者、是否遵守法律法规等，因此构建的指标体系应当相对完整，不能以偏概全。此外，它也指标体系内的各项指标应当可以相互配合，通过对它们的具体评价和综合汇总，人们可以全面了解校办企业社会贡献履行情况。

4. 可获得性原则

可获得性原则是指指标的选取应该尽量考虑收集数据过程中资料的可获得性，且应当符合成本效益原则。数据包括定量和定性两种，基于可获得性原则，我们在选取指标时应尽量选取定量指标，但考虑到校办企业社会贡献的多元性，有些维度无法用定量的指标反映。因此，我们也需要选取少量相对比较简单且通过已有的资料较易获得的定性指标，如环境信息披露等。

7.2.2　校办企业社会贡献指标评价体系的构建

社会贡献评价主要反映企业在环境保护、吸纳就业、工资福利、安全生产、上缴税收等方面的贡献程度。本报告结合高校校办企业特点，从利益相关者角度出发，将高校校办企业的社会贡献分解为七个维度，包括校办企业对投资者的贡献、对政府的贡献、对职工的贡献、对社区的贡献、对学校的贡献、对消费者的贡献以及对环境保护的贡献。

1. 校办企业对投资者的贡献

投资者是企业资金的主要提供者，在利益相关者中处于最重要的地位。在现代企业所有权与经营权分离的经济制度下，管理者的首要目标是有效管理和利用投资的资源，创造更大的企业价值。本报告通过“净资产收益率”“资本保值增值率”“股利支出比率”来反映企业对投资者的贡献情况。

2. 校办企业对政府的贡献

政府为企业的正常生产经营提供了稳定的环境，企业有义务承担对政府的责任。企业要自觉按照政府有关法律、法规的规定，以发展为前提，扩大纳税份额、增加社会就业。本报告通过“纳税比率”与“就业贡献率”来反映企业对政府的贡献情况。

3. 校办企业对职工的贡献

在知识经济时代，人力资源是企业最重要的资源，企业必须对职工足够的重视，才能留住人才，保证企业源源不断的创造力与生产力。企业对员工的贡献主要体现在为员工提供合理的薪酬体系、必要的社会保障及职业培训等。本报告通过“工资增长率”“职工参保率”“人均年教育培训经费支出”来反映企业对职工的贡献情况。

4. 校办企业对社区的贡献

企业对社区的贡献一般主要在财务报表或财务报表附注中通过公益捐赠支出和赞助费支出等形式来体现。本报告通过“公益支出”来反映企业对社区的贡献情况。

5. 校办企业对学校的贡献

高校作为校办企业的主要出资人，在校办企业利益相关者中处于重要的地位。校办企业一方面应关注其对高校的直接经济贡献，另一方面应关注其对高校在加强科研合作及促进就业方面的贡献。本报告通过“企业上缴学校利润率”“是否出资学校实习基地”“吸纳本校应届毕业生比率”来反映企业对学校的贡献。

6. 校办企业对消费者的贡献

企业的价值通过消费者对其商品或服务的购买行为得以实现，所以消费者在企业利益相关者中扮演重要的角色。企业对消费者的责任体现在充分尊重消费者的权益和需求，主动提供相应的产品售后服务工作，积极并合理地解决消费者存在的问题和投诉建议。本报告通过“市场占有率”与“是否设置专门岗位处理消费者的投诉事件”来反映企业对消费者的贡献。

7. 校办企业对环境保护的贡献

企业的存续和发展离不开一定的自然环境，所以企业应当对环境保护承担责任，减少污染物排放和碳排放，提高资源的使用效能，实现经济、社会与环境的可持续发展。本报告通过“环保费用率”与“是否有节能减排相关的考核”来反映企业对环境保护的贡献。具体指标如表 7-1 所列。

表 7-1　校办企业社会贡献指标体系

准则层	具体评价指标
企业对投资者的贡献（U_1）	净资产收益率（U_{11}）
	资本保值增值率（U_{12}）
	利息及股利支出比率（U_{13}）
企业对政府的贡献（U_2）	纳税比率（U_{21}）
	就业贡献率（U_{22}）
企业对职工的贡献（U_3）	职工参保率（U_{31}）
	人均年教育培训经费支出（U_{32}）
	工资增长率（U_{33}）
企业对社区的贡献（U_4）	公益支出（U_{41}）
企业对出资学校的贡献（U_5）	企业上缴学校利润率（U_{51}）
	是否出资学校实习基地（U_{52}）
	吸纳本校应届毕业生比率（U_{53}）
企业对消费者的贡献（U_6）	市场占有率（U_{61}）
	是否设置专门岗位处理消费者的投诉事件（U_{62}）
企业对环境保护的贡献（U_7）	环保费用率（U_{71}）
	是否有节能减排相关考核（U_{72}）

7.2.3　校办企业社会贡献评价模型的构建

本报告通过建立 AHP-模糊综合评价模型，将定性评价与定量计算相结合，对数据进行无量纲化处理，并得出判断矩阵表（见表 7-2）。

表 7－2 社会贡献

U	U_1	U_2	U_3	U_4	U_5	U_6	U_7
U_1	1	0.2	0.33	1	0.33	0.5	1
U_2	5	1	2	5	2	3	5
U_3	3	0.5	1	3	1	2	3
U_4	1	0.2	0.33	1	0.33	0.5	1
U_5	3	0.5	0.5	3	1	2	3
U_6	2	0.33	0.5	2	0.5	1	2
U_7	1	0.2	0.33	1	0.33	0.5	1

经计算可知，$W=[0.0612, 0.3321, 0.1871, 0.0612, 0.1871, 0.1101, 0.0612]^T$；$\lambda^{max}=7.0124$，CI＝0.0021，RI＝1.32，CR＝0.0016＜0.1，即判断矩阵的计算结果均通过一致性检验。

同理，可以对各准则层下具体评价指标分别建立判断矩阵，如表 7－3 至表 7－8 所列。

表 7－3 企业对政府的贡献

U_1	U_{11}	U_{12}
U_{11}	1	0.33
U_{12}	3	1

经计算可知，$W=[0.2491, 0.7509]^T$。

表 7－4 企业对投资者的贡献

U_2	U_{21}	U_{22}	U_{23}
U_{21}	1	0.5	3
U_{22}	2	1	4
U_{23}	0.33	0.25	1

经计算可知，$W=[0.3197, 0.5587, 0.1216]^T$；$\lambda_{max}=3.0152$，CI=0.0076，RI=0.58，CR=0.0131<0.1，即判断矩阵的计算结果均通过一致性检验。

表 7-5　企业对职工的贡献

U_3	U_{31}	U_{32}	U_{33}
U_{31}	1	0.5	3
U_{32}	2	1	4
U_{33}	0.33	0.25	1

经计算可知，$W=[0.3197, 0.5587, 0.1216]^T$；$\lambda_{max}=3.0152$，CI=0.0076，RI=0.58，CR=0.0131<0.1，即判断矩阵的计算结果均通过一致性检验。

表 7-6　企业对出资学校的贡献

U_5	U_{51}	U_{52}	U_{53}
U_{51}	1	2	0.5
U_{52}	0.5	1	0.33
U_{53}	2	3	1

经计算可知，$W=[0.2970, 0.1634, 0.5396]^T$；$\lambda_{max}=3.0074$，CI=0.0037，RI=0.58，CR=0.0064<0.1，即判断矩阵的计算结果均通过一致性检验。

表 7-7　企业对消费者的贡献

U_6	U_{61}	U_{62}
U_{61}	1	2
U_{62}	0.5	1

经计算可知，$W=[0.6667, 0.3333]^T$。

表7-8 企业对环境保护的贡献

U_7	U_{71}	U_{72}
U_{71}	1	2
U_{72}	0.5	1

经计算可知，$W=[0.6667, 0.3333]^T$。

7.2.4 校办企业社会贡献评价结果与分析

1. 社会责任履行总体情况

(1) 校办企业购置专用设备投入情况

表7-9列出了教育部直属高校校办企业2011—2013年购置专用设备用以环境保护、节能节水、安全生产等用途的支出情况。在所有校办企业中，实际在这方面进行资金投入的企业只有82家。各企业资金的投入力度差距也很大，前五家企业购置设备的金额占到了总体金额的84.70%，这说明不同校办企业对该方面的重视程度差异较大。

表7-9 校办企业购置专用设备投入情况一览表（近三年总值） 单位：万元

排名	公司名称	金额
1	北大医疗产业集团有限公司	19 710.51
2	北大方正集团有限公司	19 710.51
3	山东石大科技石化有限公司	7424.01
4	高要市同济水务有限公司	3806.94
5	诚志股份有限公司	1835.1
6	辽宁省路桥建设集团有限公司	1794.99
7	四会市同济水务有限公司	1772.25
8	山东石大科技集团有限公司	1233.96
9	枣庄市同安水务有限公司	886.02
10	重庆大学出版社有限公司	380.16

（续表）

排名	公司名称	金额
11	吉林吉大通信设计院股份有限公司	296.01
12	山东石大胜华化工集团股份有限公司	178.32
13	南京大学出版社有限公司	150.99
14	江西同济建筑设计咨询有限公司	150
15	南昌同济规划建筑设计有限公司	150
16	大连理工大学学术交流公寓	146.01
17	武汉理工大设计研究院有限公司	144
18	长春南岭车辆检测有限公司	143.01
19	上海交大昂立股份有限公司	129.99
20	深圳南大研究院有限公司	120.78
21	武汉理工新能源有限公司	117.51
22	中山大学达安集团股份有限公司	110.52
23	南京中大酒店管理有限公司	95.01
24	武汉开目信息技术有限责任公司	86.01
25	武汉理工大学出版社有限责任公司	85.8
26	广州中大中鸣科技有限公司	84.63
27	华东理工大学华昌聚合物有限公司	77.7
28	无锡北邮感知技术产业研究院有限公司	70.59
29	上海同艺图文设计制作有限公司	65.88
30	武汉南华高速船舶工程股份有限责任公司	60.6
31	武汉马房山理工工程结构检测有限公司	60
32	重庆西南大学桂园宾馆有限公司	58.17
33	广州新视界光电科技有限公司	54.45
34	大连理工大学土木建筑设计研究院有限公司	48

（续表）

排名	公司名称	金额
35	上海新光华科技服务有限公司	42.57
36	上海上外健身中心	39.99
37	北京石大中油油品销售有限责任公司	32.31
38	重庆学府建筑工程有限公司	27.96
39	白求恩医科大学制药厂	24.99
40	中国矿业大学出版社有限责任公司	24.3
41	江苏华宁工程咨询监理有限公司	23.01
42	广东中大岭南图书有限公司	22.65
43	重庆科苑学府大酒店有限责任公司	20.91
44	上海华理化工科技发展有限公司	20.88
45	吉林省吉大机电设备有限公司	20.1
46	山东山大电力技术有限公司	18.99
47	成都艾格机电设备有限责任公司	18
48	北京化大化新科技股份有限公司	17.1
49	北京化工大学教育培训中心	15.39
50	中国药科大学制药有限公司	14.64

注：数据均来自调查问卷。

（2）校办企业除购置环保设备外环保费用支出情况

表7-10列出了教育部直属高校校办企业2011—2013年除购置环保设备外环保费用支出情况。该支出是校办企业对环境保护的直接投入，其金额的多少直接反映各企业对环境保护的重视程度。其中，前十家企业环保费用的支出金额占总体金额的80.69%，不同企业在环境保护投入方面差距也较大。其中，山东石大胜华化工集团股份有限公司、枣庄市同安水务有限公司、高要市同济水务有限公司三家企业投入较大，分别为2840.19万元、1488.63万元、787.38万元。

表7－10 校办企业除购置环保设备外环保费用支出一览表（近三年总值）

单位：万元

排名	公司名称	金额
1	山东石大胜华化工集团股份有限公司	2840.19
2	枣庄市同安水务有限公司	1488.63
3	高要市同济水务有限公司	787.38
4	四会市同济水务有限公司	697.59
5	诚志股份有限公司	634.68
6	山东石大科技集团有限公司	608.73
7	上海交大昂立股份有限公司	447.18
8	北大医疗产业集团有限公司	321.18
9	北大方正集团有限公司	321.18
10	上海复旦枫林科技园有限公司	244.83
11	辽宁省路桥建设集团有限公司	218.55
12	中山大学达安集团股份有限公司	211.62
13	武汉理工大设计研究院有限公司	176.01
14	华东理工大学华昌聚合物有限公司	168.9
15	武汉华中数控股份有限公司	162.96
16	上海同济迎宾馆有限公司	148.86
17	长春吉大致远供热有限公司	120
18	江苏华宁工程咨询监理有限公司	101.01
19	南京中大酒店管理有限公司	60
20	北京地大国际会议中心有限公司	53.07
21	上海同艺图文设计制作有限公司	51
22	北京化大化新科技股份有限公司	37.47
23	外语教学与研究出版社有限责任公司	36.99
24	山东山大电力技术有限公司	34.08
25	北京石大中油油品销售有限责任公司	21

（续表）

排名	公司名称	金额
26	重庆大学出版社有限公司	18.21
27	白求恩医科大学制药厂	15.99
28	武汉中地大资产经营有限公司	14.94
29	上海交大产业投资管理（集团）有限公司	13.41
30	长春南岭车辆检测有限公司	12.99
31	西安畅达公路交通汽车检测站	11.19
32	重庆科苑学府大酒店有限责任公司	10.95
33	中国药科大学制药有限公司	9.12
34	广州华工信息软件有限公司	8.34
35	大连理工大学学术交流公寓	6
36	成都川大科华苑宾馆	5.94
37	北京交大印刷厂	5.01
38	重庆川牧饲料有限公司	5.01
39	沈阳科东物业管理有限公司	5.01
40	武汉交科工程咨询有限公司	3.99
41	山东中石大石仪科技有限公司	3.81
42	成都艾格机电设备有限责任公司	3.69
43	中山大学北校区服务公司	3.15
44	广州中大中鸣科技有限公司	2.61
45	广州华工机动车检测技术有限公司	2.49
46	北京语言大学出版社有限公司	1.95
47	上海高清数字科技产业有限公司	1.8
48	广州市家庭医生在线信息有限公司	1.59
49	江苏河海工程建设监理有限公司	1.17
50	西安长达宾馆	1.14

注：数据均来自调查问卷。

（3）校办企业吸纳出资学校应届毕业生情况

表7-11列出了教育部直属高校校办企业2011—2013年吸纳出资学校应届毕业生数量情况。所有校办企业近三年招收出资学校应届毕业生人数为3000名，其中同济大学建筑设计研究院（集团）有限公司、华工科技产业股份有限公司、外语教学与研究出版社有限责任公司、北大方正集团有限公司和华南理工大学建筑设计研究院在近三年共招收了1645名，占比超过50%。

表7-11　校办企业吸纳出资学校应届毕业生数量一览表（近三年总值）

单位：人

排名	公司名称	人数
1	同济大学建筑设计研究院（集团）有限公司	787
2	华工科技产业股份有限公司	395
3	外语教学与研究出版社有限责任公司	195
4	北大方正集团有限公司	159
5	华南理工大学建筑设计研究院	109
6	大连理工大学出版社有限公司	65
7	吉林吉大通信设计院股份有限公司	57
8	重庆卓立建筑工程有限公司	52
9	武汉开目信息技术有限责任公司	49
10	武汉理工大设计研究院有限公司	43
11	中山大学达安集团股份有限公司	41
12	陕西同济土木建筑设计有限公司	40
13	上海天佑工程咨询有限公司	38
14	武汉华中科大土木工程检测中心	38
15	深圳方正微电子有限公司	36
16	广州市家庭医生在线信息有限公司	32
17	上海同艺图文设计制作有限公司	30
18	山东石大胜华化工集团股份有限公司	29

（续表）

排名	公司名称	人数
19	大连理工大学土木建筑设计研究院有限公司	26
20	武汉华胜工程建设科技有限公司	21
21	武汉华中数控股份有限公司	20
22	上海复旦天翼计算机有限公司	17
23	重庆大学建筑设计研究院	17
24	南京大学城市规划设计研究院有限公司	17
25	上海同济工程咨询有限公司	17
26	青岛中服进口免税商品有限公司	16
27	重庆大学城市规划与设计研究院	16
28	陕西建筑工程建设监理公司	14
29	中国石油大学出版社有限公司	14
30	南京河海大学出版社有限公司	13
31	上海上外国际教育交流信息中心	13
32	重庆川牧饲料有限公司	13
33	西安长大公路工程检测中心	12
34	广州友财信息科技有限公司	12
35	中国家庭医生杂志社有限公司	12
36	广州友财信息科技有限公司	12
37	长春吉大正元信息技术股份有限公司	12
38	北京师范大学出版社（集团）有限公司	11
39	武汉数字媒体工程技术有限公司	11
40	重庆西南师范大学出版社有限公司	10
41	南京大学建筑规划设计研究院有限公司	10
42	同济汽车设计研究院有限公司	10
43	东北大学建筑设计院有限公司	10

（续表）

排名	公司名称	人数
44	河海大学设计研究院有限公司	9
45	南京东南大学出版社有限公司	9
46	江苏东南交通工程咨询监理有限公司	9
47	山东石大科技石化有限公司	9
48	中财大投资顾问（北京）有限公司	9
49	长春吉大·小天鹅仪器有限公司	9
50	北京大学出版社有限公司	8

注：数据均来自调查问卷。

（4）校办企业公益捐赠及赞助费支出情况

表 7－12 列出了教育部直属高校校办企业 2011—2013 年公益捐赠及赞助费支出情况。北大方正集团有限公司公益支出占所有校办企业公益支出的 33.82%，同时前十家企业占比达 81.78%。说明在这一指标下，各企业间的支出差距较大。在所有校办企业中，北大方正集团有限公司、山东石大科技集团有限公司在公益方面的支出相对较大，说明了其对公益事业较为重视。

表 7－12　校办企业公益捐赠支出数额及赞助费支出一览表（近三年总值）

单位：万元

排名	公司名称	金额
1	北大方正集团有限公司	3012.30
2	山东石大科技集团有限公司	1800.00
3	同方股份有限公司	748.53
4	启迪控股股份有限公司	486.9
5	北京语言大学出版社有限公司	333.09
6	清华大学出版社有限公司	270.93
7	吉林吉大通信设计院股份有限公司	204.99
8	北京大学出版社有限公司	172.35

（续表）

排名	公司名称	金额
9	诚志股份有限公司	127.2
10	华中师范大学出版社有限责任公司	107.91
11	华中科技大学出版社有限责任公司	107.07
12	北京师范大学出版社（集团）有限公司	105.33
13	博奥生物集团有限公司	101.34
14	外语教学与研究出版社有限责任公司	99.99
15	南京大学出版社有限公司	83.49
16	同济大学出版社有限公司	81.03
17	华工科技产业股份有限公司	76.83
18	紫光集团有限公司	71.25
19	东莞市三元盈晖投资发展有限公司	65.01
20	北大方正信息产业集团有限公司	62.91
21	广州中大环境治理工程有限公司	58.5
22	大连理工大学土木建筑设计研究院有限公司	54.99
23	武汉大学出版社有限责任公司	50.46
24	武汉华中数控股份有限公司	48.54
25	武汉天喻信息产业股份有限公司	32.01
26	武汉华中科技大产业集团有限公司	30.24
27	泰州同济房地产有限公司	28.5
28	武汉理工大学出版社有限责任公司	25.86
29	广州中大控股有限公司	24.51
30	广州中山医医药有限公司	23.19
31	华东师范大学出版社有限公司	22.74
32	广州中山大学科技园有限公司	19.59
33	河海大学设计研究院有限公司	17.49

（续表）

排名	公司名称	金额
34	济南源浩置业有限公司	16.5
35	济南源利置业有限公司	16.5
36	济南源泰置业有限公司	16.5
37	山东北大资源地产有限公司	16.5
38	北京北大英华科技有限公司	15.99
39	重庆西南师范大学出版社有限公司	15.3
40	北京北大明德科技发展有限公司	15
41	上海外语教育出版社有限公司	15
42	武汉南华高速船舶工程股份有限责任公司	15
43	方正东亚信托有限责任公司	14.28
44	清控人居建设（集团）有限公司	12.51
45	北大医疗产业集团有限公司	11.88
46	北京科大朗涤环保工程技术有限公司	11.49
47	四川川大科技产业集团有限公司	9.51
48	江苏东南交通工程咨询监理有限公司	7.5
49	北京北大方正软件技术学院	7.32
50	北大方正培训中心	7.32

注：数据均来自调查问卷。

2. 社会贡献指标评价

（1）校办企业对政府的贡献排名情况

表7-13、表7-14、表7-15列出了教育部直属高校校办企业对政府的贡献排名情况。在纳税比率指标下前二十家企业均超过30%。北大资产经营有限公司、北大方正集团有限公司、东软集团股份有限公司和同方股份有限公司在对政府的贡献方面得分要远高于其他企业。除以上四家企业以外，其他企业的得分都比较相近。

表7－13　企业对政府的贡献下纳税比率排名

排名	公司名称	得分
1	吉林大学同拓高科技发展中心	100.00
2	盘锦大工鹤翔商贸有限公司	77.89
3	西安交大产业（集团）总公司	57.65
4	武汉华工创业投资有限责任公司	53.86
5	大连理工营口研究院有限公司	53.18
6	吉林公卫药物安评有限公司	52.24
7	北京中农震亚饲料科技开发有限公司	51.36
8	华东理工常熟研究院有限公司	50.73
9	上海复旦企业发展有限公司	50.56
10	中南大学科技园发展有限公司	50.31
11	沈阳宇晨建筑工程监理有限公司	47.45
12	北京师大师慧信息科技有限公司	45.47
13	江苏南京农大科技开发有限责任公司	45.34
14	北大资产经营有限公司	45.21
15	广州新视界光电科技有限公司	44.75
16	天津大学岩土工程设计研究所	44.62
17	广州华工光机电科技有限公司	44.35
18	天津市天大天环科技有限公司	44.02
19	惠州市武大产学研基地有限责任公司	43.92
20	上海东学信息技术有限公司	43.92

注：数据均来自教育部财务会计报表决算软件。

表7－14　企业对政府的贡献下就业贡献率排名

排名	公司名称	得分
1	北大资产经营有限公司	100.00
2	北大方正集团有限公司	91.36

（续表）

排名	公司名称	得分
3	东软集团股份有限公司	72.24
4	同方股份有限公司	71.49
5	浙江大学圆正控股集团有限公司	50.33
6	华工科技产业股份有限公司	47.63
7	清控人居建设有限公司	45.29
8	紫光集团有限公司	45.25
9	启迪控股股份有限公司	44.30
10	大连东软控股有限公司	44.12
11	诚志股份有限公司	44.02
12	浙江浙大新宇物业集团有限公司	43.45
13	北大资源集团有限公司	43.21
14	北京北大青鸟软件系统有限公司	43.15
15	上海昂立教育科技有限公司	43.09
16	西安康桥后勤产业有限公司	42.84
17	上海同济科技实业股份有限公司	42.71
18	同济大学建筑设计研究院（集团）有限公司	42.68
19	武汉天喻信息产业股份有限公司	42.18
20	清控创业投资有限公司	42.13

注：数据均来自教育部财务会计报表决算软件。

表 7－15　企业对政府的贡献排名

排名	公司名称	得分
1	北大资产经营有限公司	86.35
2	北大方正集团有限公司	78.65

（续表）

排名	公司名称	得分
3	东软集团股份有限公司	64.41
4	同方股份有限公司	63.75
5	浙江大学圆正控股集团有限公司	48.03
6	华工科技产业股份有限公司	46.03
7	紫光集团有限公司	44.20
8	清控人居建设有限公司	44.01
9	大连东软控股有限公司	43.44
10	启迪控股股份有限公司	43.33
11	北大资源集团有限公司	43.22
12	诚志股份有限公司	43.07
13	浙江浙大新宇物业集团有限公司	42.89
14	北京北大青鸟软件系统有限公司	42.67
15	上海昂立教育科技有限公司	42.60
16	同济大学建筑设计研究院（集团）有限公司	42.25
17	清控创业投资有限公司	41.90
18	沈阳宇晨建筑工程监理有限公司	41.87
19	武汉天喻信息产业股份有限公司	41.75
20	合肥工大建设监理有限责任公司	41.47

注：数据均来自教育部财务会计报表决算软件。

（2）校办企业对投资者的贡献排名情况

表 7－16、表 7－17、表 7－18、表 7－19 列出了教育部直属高校校办企业对投资者的贡献排名情况。在净资产收益率指标下前二十家企业均超过 60%，前三十七家企业均超过 50%；在资本保值增值率下前二十五家企业均超过 300%；在利息及股利支出比率下前十家企业均超过 10%。在企业对投资者的贡献这一

指标中，除青岛海大科技咨询开发公司生物标本厂得分较高外，其他企业在这一指标上的得分差异不大。

表 7－16　企业对投资者的贡献下净资产收益率排名

排名	公司名称	得分
1	青岛海大科技咨询开发公司生物标本厂	100.00
2	惠州市武大产学研基地有限责任公司	97.23
3	苏州世纪明德文化科技园有限公司	96.63
4	南京农大动物医院有限责任公司	95.09
5	济南山大有色金属铸造有限公司	95.07
6	上海数学教学杂志社	92.52
7	北京北语留学服务中心	92.20
8	中工武大诚信工程顾问（湖北）有限公司	91.30
9	杭州圆正启真酒店有限公司	88.00
10	浙江大学城乡规划设计研究院有限公司	87.85
11	济南方智管理咨询有限责任公司	87.56
12	华东师范大学电子音像出版社有限公司	85.64
13	长安大学环境工程设计研究院	85.40
14	上海交大安地规划建筑设计有限公司	82.34
15	兰州大学应用技术研究院有限责任公司	82.16
16	武汉精典风景园林有限公司	81.51
17	四川大学生物材料工程研究中心	80.71
18	上海上外国际文化交流中心	79.79
19	保定华电科源电气有限公司	79.49
20	山东山大电气科学研究所	78.74

注：数据均来自教育部财务会计报表决算软件。

表7－17　企业对投资者的贡献下资本保值增值率排名

排名	公司名称	得分
1	成都川亚工程技术总承包公司	100.00
2	西安电子科技大学丰泽电子科技有限公司	99.28
3	鑫益达科技有限公司	87.44
4	成都川大科华苑宾馆	75.89
5	西安电子科技大学计算机远动技术研究中心	73.82
6	四川盛德文化发展有限公司	72.22
7	上海历史教学问题杂志社	68.00
8	清控资产管理有限公司	65.52
9	重庆西南大学桂园宾馆有限公司	58.60
10	东北大学自动化工程技术开发公司	57.85
11	吉林大学科教仪器厂	57.48
12	西安西电科大超元科技有限公司	54.97
13	江苏中宜金大环保产业技术研究院有限公司	54.17
14	陕西天奎生物医药科技有限公司	53.86
15	天大科技园有限公司	52.83
16	西安交大技术成果转移有限责任公司	51.88
17	西安交大教育投资管理有限公司	51.75
18	紫光集团有限公司	50.69
19	上海上外资产经营管理有限公司	50.56
20	大连理工营口研究院有限公司	50.36

注：数据均来自教育部财务会计报表决算软件。

表7－18　企业对投资者的贡献下利息及股利支出比率排名

排名	公司名称	得分
1	清华控股有限公司	100.00
2	深圳学者生物有限公司	88.02

（续表）

排名	公司名称	得分
3	华东师范大学电子音像出版社有限公司	86.19
4	华东理工大学服务公司	80.00
5	上海东华凯悦纺织科技发展有限公司	68.40
6	四川川大华西药业股份有限公司	66.61
7	南京东南大学城市规划设计研究院有限公司	62.09
8	山东山大鸥玛软件有限公司	61.00
9	清华大学出版社有限公司	58.81
10	广州中大中鸣科技有限公司	52.64
11	山东山大科技园发展有限公司	49.24
12	上海教德综合服务部	48.16
13	上海上外翻译总公司	47.18
14	成都西南交大出版社有限公司	46.23
15	四川川大科技产业集团有限公司	46.14
16	广州中大旅游规划设计研究院有限公司	46.05
17	深圳市永达电子股份有限公司	45.68
18	山东地纬数码科技有限公司	45.34
19	沈阳东大三建工业炉制造有限公司	45.07
20	沈阳科东物业管理有限公司	44.65

注：数据均来自教育部财务会计报表决算软件。

表 7－19　企业对投资者的贡献排名

排名	公司名称	得分
1	青岛海大科技咨询开发公司生物标本厂	75.77
2	南京东南大学城市规划设计研究院有限公司	50.38
3	清控人居建设有限公司	50.18
4	清华控股有限公司	49.99

（续表）

排名	公司名称	得分
5	上海教涛综合服务部	48.58
6	北京林大林业科技股份有限公司	48.48
7	上海丽娃综合商场有限公司	48.46
8	清华大学出版社有限公司	48.28
9	山东山大产业集团有限公司	47.89
10	华东师范大学出版社有限公司	47.52
11	四川川大华西药业股份有限公司	47.21
12	北京林大资产经营有限公司	46.99
13	山东医大口腔医疗器材经销部	46.68
14	成都运达创新科技有限公司	46.26
15	广州华南理工大学资产经营有限公司	46.19
16	上海昂立教育科技有限公司	45.99
17	外语教学与研究出版社有限责任公司	45.98
18	上海同济资产经营有限公司	45.43
19	广州中大控股有限公司	44.95
20	上海外语教育出版社有限公司	44.75

注：数据均来自教育部财务会计报表决算软件。

（3）校办企业对职工的贡献排名情况

表 7－20、表 7－21、表 7－22、表 7－23 列出了教育部直属高校校办企业对投资者的贡献排名情况。在工资增长率指标下前 53 家企业均超过 100%；在职工参保率指标下前 69 家均超过 90%，该指标下各个企业间差距并不大，说明大多数校办企业社会保障体系较完善；在职员工人均年教育培训经费支出指标下前 33 家企业均超过 4 万元，支出超过 1 万元的企业共有 337 家，说明校办企业都比较重视对员工的教育培训，在该方面有着较大的投入。

表 7－20　企业对职工的贡献下职工参保率排名

排名	公司名称	得分
1	东北大学设计研究院（有限公司）	100.00
2	广州中山医医药有限公司	99.71
3	北京开元数图科技有限公司	98.24
4	东软集团股份有限公司	97.29
5	山大华特卧龙学校	97.06
6	东北大学设计研究院（有限公司）	97.06
7	浙江新宇酒店投资管理有限公司	94.62
8	中山大学达安基因股份有限公司	94.30
9	华南理工大学出版社有限公司	94.13
10	中山大学紫荆园	94.04
11	上海交大思源实业有限公司	93.95
12	广州中大建筑设计研究院	93.14
13	厦门大学建筑设计研究院	93.14
14	华西医科大学印刷厂	92.91
15	同济大学出版社有限公司	92.23
16	中山大学北校区服务公司	92.13
17	北京外研通教育科技有限公司	92.13
18	北京化大烛光超市有限公司	91.90
19	四川大学出版社有限责任公司	91.74
20	武汉天喻信息产业股份有限公司	91.60

注：数据均来自教育部财务会计报表决算软件。

表 7－21　企业对职工的贡献下人均年教育培训经费支出排名

排名	公司名称	得分
1	上海同济资产经营有限公司	100.00
2	江苏东南大学资产经营有限公司	93.21

（续表）

排名	公司名称	得分
3	广州中大控股有限公司	88.06
4	山东山大产业集团有限公司	87.58
5	山东山大电气科学研究所	87.48
6	杭州浙大同力后勤集团有限公司	85.77
7	武汉华工创业投资有限责任公司	85.76
8	西安交大资产经营有限公司	84.38
9	武汉华中科技大产业集团有限公司	83.57
10	广州华南理工大学资产经营有限公司	83.04
11	上海新南洋股份有限公司	82.26
12	陕西师范大学资产经营有限责任公司	81.16
13	中南大学资产经营有限公司	80.83
14	江苏东南交通工程咨询监理有限公司	80.78
15	吉林吉大控股有限公司	80.40
16	大连理工大学产业投资有限公司	80.20
17	杨凌农科大农业科技发展公司	78.94
18	上海交大企业管理中心	78.89
19	重庆大学资产经营有限责任公司	78.37
20	上海新南洋数字电视产业投资有限公司	78.14

注：数据均来自教育部财务会计报表决算软件。

表7－22　企业对职工的贡献下工资增长率排名

排名	公司名称	得分
1	湖大海捷制造技术有限公司	100.00
2	南京东大建邺科技园管理有限公司	96.82
3	北京人大数字科技有限公司	90.96
4	深圳市华工物业管理有限公司	89.81

（续表）

排名	公司名称	得分
5	北京中传文创物业管理有限责任公司	88.58
6	南京大学环境规划设计研究院有限公司	87.99
7	大连迪优特科技有限公司	78.13
8	华西医科大学制药厂	73.57
9	广州市中大发展集团有限公司	59.93
10	北京外国语大学广西培训中心	59.14
11	沈阳东大兴科置业有限公司	57.83
12	西安西北农林科大宠物医院有限公司	57.51
13	北京中地大投资管理有限责任公司	55.61
14	厦门市厦达建筑工程施工图审查所	55.34
15	北京林大资产经营有限公司	54.63
16	杭州浙大精创建筑节能科技有限公司	54.46
17	广州市盈泽信息科技有限公司	54.29
18	长沙中大科星土木工程技术有限公司	54.28
19	梧桐出版有限公司	54.26
20	上海同济技术转移服务有限公司	54.06

注：数据均来自教育部财务会计报表决算软件。

表 7－23　企业对职工的贡献排名

排名	公司名称	得分
1	广州中山医医药有限公司	62.99
2	华南理工大学出版社有限公司	61.45
3	山大华特卧龙学校	61.09
4	中山大学北校区服务公司	59.49
5	华东理工大学出版社有限公司	57.91
6	上海同济城市规划设计研究院	57.35

（续表）

排名	公司名称	得分
7	杭州浙大园林建设有限公司	56.76
8	上海大众汽车同济特约维修站有限公司	56.59
9	上海上外翻译总公司	55.83
10	杭州浙大同力后勤集团有限公司	55.31
11	北京科技大学设计研究院有限公司	54.03
12	上海杭宇后勤管理服务有限公司	52.10
13	北京林大林业科技股份有限公司	51.46
14	重庆大学出版社有限公司	51.00
15	上海铁大电信设备有限公司	49.31
16	上海交通大学出版社有限公司	49.00
17	合肥工业大学建筑设计研究院	48.94
18	北京外语音像出版社有限公司	48.84
19	江苏南大海外教育服务中心	48.01
20	外语教学与研究出版社有限责任公司	47.76

注：数据均来自教育部财务会计报表决算软件。

（4）校办企业对社区的贡献排名情况

表7-24、表7-25列出了教育部直属高校校办企业对社区的贡献排名情况。在公益支出指标下前20家企业占比达到了91.14%。其中，北大方正集团有限公司公益支出占所有校办企业公益支出的33.82%，说明北大方正集团有限公司非常重视对社区的贡献，捐赠和赞助费的支出金额较多。

表7-24　企业对社区的贡献下公益支出排名

排名	公司名称	得分
1	北大方正集团有限公司	100.00
2	山东石大科技集团有限公司	75.85
3	同方股份有限公司	54.91

（续表）

排名	公司名称	得分
4	启迪控股股份有限公司	49.70
5	北京语言大学出版社有限公司	46.63
6	清华大学出版社有限公司	45.40
7	吉林吉大通信设计院股份有限公司	44.08
8	北京大学出版社有限公司	43.43
9	诚志股份有限公司	42.53
10	华中师范大学出版社有限责任公司	42.15
11	华中科技大学出版社有限责任公司	42.13
12	北京师范大学出版社（集团）有限公司	42.10
13	博奥生物集团有限公司	42.02
14	外语教学与研究出版社有限责任公司	41.99
15	南京大学出版社有限公司	41.66
16	同济大学出版社有限公司	41.61
17	华工科技产业股份有限公司	41.53
18	紫光集团有限公司	41.42
19	东莞市三元盈晖投资发展有限公司	41.29
20	北大方正信息产业集团有限公司	41.25

注：数据均来自教育部财务会计报表决算软件。

表 7 - 25　企业对社会公众的贡献排名

排名	公司名称	得分
1	北大方正集团有限公司	100.00
2	山东石大科技集团有限公司	75.85
3	同方股份有限公司	54.91

（续表）

排名	公司名称	得分
4	启迪控股股份有限公司	49.70
5	北京语言大学出版社有限公司	46.63
6	清华大学出版社有限公司	45.40
7	吉林吉大通信设计院股份有限公司	44.08
8	北京大学出版社有限公司	43.43
9	诚志股份有限公司	42.53
10	华中师范大学出版社有限责任公司	42.15
11	华中科技大学出版社有限责任公司	42.13
12	北京师范大学出版社（集团）有限公司	42.10
13	博奥生物集团有限公司	42.02
14	外语教学与研究出版社有限责任公司	41.99
15	南京大学出版社有限公司	41.66
16	同济大学出版社有限公司	41.61
17	华工科技产业股份有限公司	41.53
18	紫光集团有限公司	41.42
19	东莞市三元盈晖投资发展有限公司	41.29
20	北大方正信息产业集团有限公司	41.25

注：数据均来自教育部财务会计报表决算软件。

（5）校办企业对出资学校的贡献排名情况

表7－26、表7－27、表7－28列出了教育部直属高校校办企业对出资学校的贡献排名情况。在企业上缴学校利润率指标下前23家企业均超过50%，在10%以上的企业共有72家；有188家校办企业出资设立了学校实习基地，为其出资学校的学生提供实习场所。在企业对出资学校的贡献这一指标下，同济大学建筑设计研究院（集团）有限公司得分最高。

表 7 - 26　企业对出资学校的贡献下企业上缴学校利润率排名

排名	公司名称	得分
1	陕西建筑工程建设监理公司	100.00
2	南京河海大学出版社有限公司	99.50
3	厦门南强建筑工程公司	97.61
4	四川川大华西药业股份有限公司	94.12
5	吉林大学出版社有限公司	91.60
6	湖南大学资产经营有限公司	90.16
7	长安大学城市规划设计研究院	88.64
8	北京北语留学服务中心	85.54
9	重庆西农茶叶有限公司	84.61
10	上海生物学教学杂志社	82.85
11	湖南大学设计研究院有限公司	82.30
12	厦门大学建筑设计研究院	81.44
13	龙海市建南混凝土有限公司	80.49
14	西安电子科技大学出版社有限公司	79.61
15	南京农大动物医院有限责任公司	79.21
16	西安长安大学工程设计研究院有限公司	76.04
17	同济大学建筑设计研究院（集团）有限公司	75.61
18	合肥工业大学建筑设计研究院	74.68
19	成都国佳电气工程有限公司	73.14
20	四川大学出版社有限责任公司	73.07

注：数据均来自教育部财务会计报表决算软件。

表 7 - 27　企业对出资学校的贡献下吸纳本校应届毕业生比率排名

排名	公司名称	得分
1	同济大学建筑设计研究院（集团）有限公司	100.00
2	华工科技产业股份有限公司	70.08

（续表）

排名	公司名称	得分
3	外语教学与研究出版社有限责任公司	54.81
4	北大方正集团有限公司	52.06
5	华南理工大学建筑设计研究院	48.25
6	大连理工大学出版社有限公司	44.89
7	吉林吉大通信设计院股份有限公司	44.28
8	重庆卓立建筑工程有限公司	43.89
9	武汉开目信息技术有限责任公司	43.66
10	武汉理工大设计研究院有限公司	43.21
11	中山大学达安基因股份有限公司	43.05
12	陕西同济土木建筑设计有限公司	42.98
13	上海天佑工程咨询有限公司	42.83
14	武汉华中科大土木工程检测中心	42.83
15	深圳方正微电子有限公司	42.67
16	广州市家庭医生在线信息有限公司	42.37
17	上海同艺图文设计制作有限公司	42.21
18	山东石大胜华化工集团股份有限公司	42.14
19	大连理工大学土木建筑设计研究院有限公司	41.91
20	武汉华胜工程建设科技有限公司	41.53

注：数据均来自教育部财务会计报表决算软件。

表 7－28　企业对出资学校的贡献排名

排名	公司名称	得分
1	同济大学建筑设计研究院（集团）有限公司	92.76
2	陕西建筑工程建设监理公司	68.16
3	北京科大资产经营有限公司	59.63
4	外语教学与研究出版社有限责任公司	58.56

（续表）

排名	公司名称	得分
5	南京河海大学出版社有限公司	58.16
6	北京师范大学出版社（集团）有限公司	57.88
7	重庆大学建筑设计研究院	57.84
8	华南理工大学建筑设计研究院	57.76
9	山东山大电力技术有限公司	55.60
10	北京大学出版社有限公司	55.13
11	武汉华胜工程建设科技有限公司	54.33
12	北京北语留学服务中心	53.57
13	重庆西南师范大学出版社有限公司	53.43
14	重庆大学城市规划与设计研究院	51.87
15	上海复旦天欣科教仪器有限公司	46.05

注：数据均来自教育部财务会计报表决算软件。

（6）校办企业对消费者的贡献排名情况

表 7－29、表 7－30 列出了教育部直属高校校办企业对出资学校的贡献排名情况。在市场占有率指标下前 17 家企业都超过了 50%，在 10%以上的企业共有 58 家，其中北京布来得科技有限公司市场占有率最高达到 90%；有 352 家企业设置了专门岗位来处理消费者的投诉事件，说明这些校办企业重视消费者对企业的影响。在企业对消费者贡献指标下，各个企业的得分普遍较高，分差较小，这也说明校办企业都对消费者非常重视。

表 7－29　企业对消费者的贡献下市场占有率排名

排名	公司名称	得分
1	北京布来得科技有限公司	100.00
2	北京语言大学出版社有限公司	93.33
3	成都艾格机电设备有限责任公司	90.00
4	广州数园网络有限公司	90.00

（续表）

排名	公司名称	得分
5	长春吉大致远供热有限公司	86.67
6	北京矿大物业管理有限公司	86.67
7	上海国佳生化工程技术研究中心有限公司	86.67
8	山东中石大石仪科技有限公司	84.66
9	成都国家电气工程有限公司	80.00
10	外语教学与研究出版社有限责任公司	80.00
11	武汉汽车工业大学工厂	80.00
12	中国药科大学制药有限公司	80.00
13	中山大学达安集团股份有限公司	80.00
14	上海上外印务中心	73.33
15	沈阳东创贵金属材料有限公司	73.33
16	西安电子科技大学丰泽电子科技有限公司	73.33
17	重庆市软件评测中心有限公司	73.33
18	西安电子科技大学海光数码有限公司	68.66
19	北京北大英华科技有限公司	68.00
20	武汉神阳饮品有限公司	66.66

注：数据均来自教育部财务会计报表决算软件。

表 7－30　企业对消费者的贡献排名

排名	公司名称	得分
1	北京语言大学出版社有限公司	95.56
2	成都艾格机电设备有限责任公司	93.33
3	广州数园网络有限公司	93.33
4	长春吉大致远供热有限公司	91.11
5	北京矿大物业管理有限公司	91.11
6	上海国佳生化工程技术研究中心有限公司	91.11

（续表）

排名	公司名称	得分
7	山东中石大石仪科技有限公司	89.78
8	外语教学与研究出版社有限责任公司	86.67
9	武汉汽车工业大学工厂	86.67
10	中国药科大学制药有限公司	86.67
11	中山大学达安集团股份有限公司	86.67
12	沈阳东创贵金属材料有限公司	82.22
13	西安电子科技大学丰泽电子科技有限公司	82.22
14	重庆市软件评测中心有限公司	82.22
15	北京布来得科技有限公司	80.00
16	西安电子科技大学海光数码有限公司	79.11
17	北京北大英华科技有限公司	78.66
18	武汉神阳饮品有限公司	77.78
19	中国矿业大学出版社有限责任公司	77.78
20	武汉开目信息技术有限责任公司	76.00

注：数据均来自教育部财务会计报表决算软件。

（7）校办企业对消费者的贡献排名情况

表 7－31、表 7－32 列出了教育部直属高校校办企业对出资学校的贡献排名情况。有环保费用支出的公司仅有 61 家，制定节能减排相关考核的公司也只有 171 家，说明校办企业在环境保护方面投入不大、重视程度不高，因此各校办企业在以后的发展中还需更加关注环境保护的问题。

表 7－31　企业对环境保护贡献下环境费用支出比率排名

排名	公司名称	得分
1	西安畅达公路交通汽车检测站	100.00
2	北京化工大学教育培训中心	70.00
3	重庆西南大学桂园宾馆有限公司	61.00

（续表）

排名	公司名称	得分
4	武汉理工新能源有限公司	49.00
5	上海复旦枫林科技园有限公司	46.00
6	武汉理工大学出版社有限责任公司	46.00
7	南京中大酒店管理有限公司	46.00
8	广州市家庭医生在线信息有限公司	43.00
9	武汉理工大设计研究院有限公司	43.00
10	武汉马房山理工工程结构检测有限公司	43.00
11	重庆大学出版社有限公司	43.00
12	广东北科科技发展有限公司	43.00
13	江苏华宁工程咨询监理有限公司	43.00
14	北京化大化新科技股份有限公司	43.00
15	北京地大国际会议中心有限公司	43.00
16	西安电子科技大学丰泽电子科技有限公司	43.00
17	北京交大印刷厂	43.00
18	北大资产经营有限公司	40.00
19	北京北医投资管理有限公司	40.00
20	北大方正集团有限公司	40.00

注：数据均来自教育部财务会计报表决算软件。

表7－32　企业对环境保护的贡献排名

排名	公司名称	得分
1	西安畅达公路交通汽车检测站	100.00
2	北京化工大学教育培训中心	80.00
3	武汉理工大学出版社有限责任公司	64.00
4	上海复旦枫林科技园有限公司	64.00
5	南京中大酒店管理有限公司	64.00

（续表）

排名	公司名称	得分
6	重庆大学出版社有限公司	62.00
7	武汉马房山理工工程结构检测有限公司	62.00
8	武汉理工大设计研究院有限公司	62.00
9	江苏华宁工程咨询监理有限公司	62.00
10	广州市家庭医生在线信息有限公司	62.00
11	北京化大化新科技股份有限公司	62.00
12	北京地大国际会议中心有限公司	62.00
13	重庆卓立建筑工程有限公司	60.00
14	重庆西农茶叶有限公司	60.00
15	重庆大学建设工程质量检测中心	60.00
16	重庆大学电子音像出版社有限公司	60.00
17	中山大学达安基因股份有限公司	60.00
18	长春南岭车辆检测有限公司	60.00
19	长春东北师范大学出版社有限责任公司	60.00
20	杨凌农林科大房地产开发有限公司	60.00

注：数据均来自教育部财务会计报表决算软件。

3. 社会贡献综合评价

根据以上对社会贡献下一级和二级指标的分析评价，以及由表7-2得出的各个一级指标的权重 $W = [0.0623, 0.3380, 0.1904, 0.0623, 0.1725, 0.1121, 0.0623]^T$，可以得到教育部直属高校校办企业社会贡献下的综合排名情况，如表7-33所列。

表7-33　校办企业社会贡献综合排名

排名	公司名称	得分
1	外语教学与研究出版社有限责任公司	53.39
2	同济大学建筑设计研究院（集团）有限公司	52.86

（续表）

排名	公司名称	得分
3	陕西建筑工程建设监理公司	48.63
4	北大方正集团有限公司	47.67
5	山东山大电力技术有限公司	47.61
6	成都艾格机电设备有限责任公司	47.24
7	上海国佳生化工程技术研究中心有限公司	46.99
8	武汉汽车工业大学工厂	46.49
9	诚志股份有限公司	45.96
10	重庆大学出版社有限公司	45.88
11	北京北大英华科技有限公司	45.63
12	广州市家庭医生在线信息有限公司	45.12
13	北京林大林业科技股份有限公司	45.07
14	广州中山医医药有限公司	45.05
15	北京布来得科技有限公司	44.50
16	长春东北师范大学出版社有限责任公司	44.36
17	中国矿业大学出版社有限责任公司	44.25
18	华南理工大学出版社有限公司	44.10
19	北京清能创新科技有限公司	43.78
20	中山大学北校区服务公司	43.73

注：数据均来自教育部财务会计报表决算软件。

由表7-33可以看出，我国教育部直属高校校办企业在社会贡献方面的得分均不高，前一百家企业平均得分为42.96。由于采用功效系数法对企业进行评分，所有企业得分介于40～100，因此前一百家企业的平均得分并不高，说明社会贡献并没有引起校办企业的高度重视。排名靠前的企业中，外语教学与研究出版社有限责任公司在对消费者贡献中的得分较高，为86.67；同济大学建筑设计研究院（集团）有限公司在对出资学校贡献中的得分较高，为92.76；北大方正集团有限公司在对社区贡献中的得分较高，为100。

7.3 案例分析

7.3.1 公司简介

北大方正集团有限公司由北京大学于1986年投资创办，王选院士为方正集团技术决策者、奠基人，其发明的汉字激光照排技术奠定了方正集团起家之业。方正集团拥有并创造了对中国IT、医疗医药产业发展至关重要的核心技术，吸引多家国际资本注入，目前已成为中国信息产业前三强的大型控股集团，业务领域涵盖IT、医疗医药、房地产、金融、大宗商品贸易等产业。

北京大学持股70%、管理层持股30%。2007年，方正集团总收入约达400亿。2009年，方正集团占据中国校办企业盈利能力近70%的份额，为国家首批6家技术创新试点企业之一，在500家国有大型企业集团中排名第118位。2010年，方正集团占据中国校办企业盈利能力近60%的份额。2013年，方正集团总收入680亿元、总资产960亿元、净资产339亿元。方正集团拥有五大产业集团和六家上市公司，35000余名员工，遍布于国内重要城市，并在海外市场开拓方面成绩显著。

7.3.2 公司社会贡献现状与评价

在履行社会责任的过程中，方正集团自2010年起，提出“创新责任之道”，即长期、系统地关注中国软实力的提升，并聚集在国民文化、国民健康、国民教育、科学技术等领域，分别成立了方正文化艺术发展基金、方正健康发展基金、方正教育发展基金、方正科学技术发展基金。

(1) 方正文化艺术发展基金是方正集团专项支持高端艺术发展的基金。2010年6月，方正集团和北京人民艺术剧院（简称“北京人艺”）合作，成为该基金首个资助项目，为期三年，以支持北京人艺舞台艺术的创新与传承。

该项基金的首期规模为1500万元，主要用于支持北京人艺的艺术创新、演员激励、国内外文化交流和公益性演出等，使北京人艺能够借助基金在机制改革方面进行进一步探索。

(2) 方正健康发展基金旨在提升国民健康意识、资助贫困患病家庭。2010

年 8 月，方正集团和全国妇联共同成立了“方正健康发展基金”，方正健康发展基金首期规模为 2500 万元。

这是贫困母亲“两癌”救助项目的第一个专项公益基金。该项基金用于资助“贫困母亲两癌救助项目”的患病母亲，做到查治结合，进一步造福贫困母亲，真正让妇女得到实惠、普遍受惠、长期受惠，提升国民健康水平。

（3）方正教育发展基金秉承方正集团“源于教育、回馈教育”的理念，全力支持国民教育的发展。2011 年 12 月 22 日，方正集团与北京大学共同签署了北大-方正教育发展基金捐赠协议，方正集团向北大捐赠 2000 万元设立永久性基金，支持北大教育经济学研究。

基金的主要用途有两个：一是用于教育经济学的师资队伍建设；二是用于教育经济学的国际学术交流。基金的成立将有助于北大的教育经济学成为国际一流学科。此外，方正集团每年捐助 150 万元在北大设立“方正奖教金”和“方正奖学金”，并通过各种途径践行“源于教育、回馈教育”的企业发展理念。

（4）2012 年 1 月 12 日，方正集团设立“方正科学技术发展基金”，首个项目将在未来五年继续全资赞助中国计算机学会“王选奖”。

方正科学技术发展基金主要用于推动中国计算机及相关领域的科技创新和进步，促进科研成果的转化和 IT 产业的发展，推动科技界学术共同体评价体系的建立，发现和激励创新型科技人才。每年评选和表彰在计算机领域做出突出贡献的科研工作者。2012 年 10 月 20 日，“方正科学技术发展基金”首个资助项目——中国计算机学会王选奖颁出。2013 年 10 月 25 日，中国计算机学会王选奖揭晓。

（5）方正集团在 2011—2013 年履行社会责任的事件主要有：2011 年 12 月，方正集团联合北京大学设立“北京大学-方正教育经济学发展基金”，专项用于北大教育经济学的师资队伍建设和国际学术交流；2012 年 1 月，方正集团向中国计算机学会捐赠，成立“方正科学技术发展基金”，用于继续支持中国计算机学会“王选奖”未来五年的发展；2012 年 6 月，中国妇女发展基金会与方正集团一行赴青海举行了“方正健康发展基金”青海省“两癌”防治基层医务人员培训、“方正健康发展基金”青海省“两癌”救助金发放和 2010 年度救助资金青海省首批受助人入户回访等活动；2012 年 7 月至 8 月，中国妇女发展基金会与方正集团一行赴宁夏、云南、新疆开展贫困“两癌”患者救助活动；2012 年

10 月，2012 年中国计算机大会颁奖晚会举行，晚会期间颁发了本年度“中国计算机学会王选奖”，该奖项为“方正科学技术发展基金”首个资助项目；2012 年 11 月，时值北京人艺成立 60 周年，北京人民艺术剧院和方正文化艺术发展基金联合举办“2011 至 2012 年度颁奖典礼”；2012 年 12 月，方正集团荣获“中国妇女慈善奖”典范奖，并成为中国妇女发展基金会战略合作伙伴；2013 年 9 月，方正集团与中国妇女发展基金会在北京联合举办“方正健康发展基金”2013 年乳腺癌、宫颈癌防治骨干医生培训班。

（6）在 2011—2013 年度，北大方正集团有限公司为购置环境保护、节能节水、安全生产等专用设备投入分别为 6207.61 万元、8371.27 万元、5131.64 万元，除购置环保设备外，方正集团在 2011—2013 年度环保费用投入分别为 92.68 万元、119.90 万元、108.62 万元。就业方面，方正集团在 2011—2013 年度新增职工中吸纳出资学校应届毕业生人数分别为 52 人、48 人、59 人。此外，方正集团 2011—2013 年度公益捐赠支出数额分别为 2168.13 万元、1482.25 万元、2301.40 万元。

第八章　总结与展望

高校校办企业的发展从1979年正式展开，在20世纪90年代有了较为全面的发展，步入21世纪，各高校成立资产公司，建立现代企业制度，高校校办企业步入快速发展的轨道。在35年的发展历程中，高校校办企业结合高校的实际情况，吸收学习国外高校先进的管理模式，做到为自己所用；高校校办企业根据市场经济的特点，不断完善校办企业制度，积极参与市场竞争，在竞争中不断取得发展；高校校办企业认识到现代竞争的实质是人才的竞争，积极吸纳高素质人才，为企业的创新发展打下坚实的基础；高校校办企业积极履行社会责任，吸纳人员就业，做好环境保护工作。

教育部直属高校校办企业在取得巨大发展的同时，也面临着不少问题。各省（自治区、直辖市）之间与东中西部之间发展不均衡；企业间差距较为明显；规模有所增长，但收益率并没有显著提高。所存在的这些问题，要求教育部直属高校校办企业要继续加强学习，积累管理经验，结合所依托高校与区位优势，缩小各省市之间的差距；在规模扩大的同时，关注资产收益率，切忌盲目自大。

8.1　主要结论

目前，在2006年教育部下发的《关于积极发展、规范管理高校科技产业的若干意见》(科技发〔2005〕2号的指引下，2013年度教育部直属高校校办企业成立的65家资产公司建立和完善现代企业制度，实现市场化运作。本报告针对教育部直属高校校办企业的发展状况，初步构建评价指标体系，针对高校校办企业的特点，对评价指标进行完善，逐步形成了创新能力维度、治理能力维度、竞争能力维度、财务能力维度和社会贡献维度5个维度，以及58个具体评价指标的评价模型。依据所建立的指标体系，我们按照各单项具体指标得分—各准则层指标得分—各维度得分的结构，对2013年度教育部直属高校校办企业创新能力水平、治理能力水平、竞争能力水平、财务能力水平和社会贡献能力水平进行评价和分析，可以得出以下结论：

第一，从总体上看，我国高校校办企业的核心竞争力在于教育部直属高校校办企业。资产规模、营业收入和净利润方面，教育部直属高校校办企业都占据了较高的份额；产品层次方面，教育部直属高校校办企业提供的产品和服务都具有相当强的竞争力；科研人才方面，教育部直属高校校办企业科研人才素质、研发能力和人才配置结构表现突出。

第二，从静态角度来看，2013年教育部直属高校校办企业发展水平不一，呈现“北京市一枝独秀，北大清华占据半壁江山”的局面。具体来说，同2012年相比，教育部直属高校校办企业的发展态势并没有发生多大的改变，北京市作为23所教育部直属高校的集中地，各大学科技园区建设良好，科研经费充足，成为现代企业制度建设的先头兵，势必形成北京一枝独秀的局面。北京大学和清华大学作为综合类研究型大学，在科研基础、人才素质、企业制度建设，科研经费划拨等方面占据得天独厚的优势，使之成为教育部直属高校校办产业中的佼佼者。

第三，从动态角度来看，2013年度教育部直属高校校办企业占比持续增加，增加幅度较为平稳。从总体上看，资产状况和经营状况中的各项指标，都从85%左右提升至90%左右，其中东部地区占比增长快速，中部和西部地区保持平稳。

第四，从各个维度来看，创新维度侧重于高校产学研水平，与高校结合紧密。其中，华中科技大学凭借在评价指标上的良好表现，位居首位，清华大学和北京大学紧随其后，排名前3位高校校办企业差距并不明显。治理维度，随着各高校校办企业现代企业制度的逐渐建立，在该维度各项指标中各教育部直属高校校办企业评分较高，建立了较为完善的激励机制，绝大多数企业经营合法合规，各公司在该指标得分上普遍较高。竞争维度是企业产品和销售能力的综合体现，各高校在毛利率和销售管理方面表现良好；受市场因素影响，在产品出口方面，各高校表现差异较为明显。财务维度，资产规模较大的企业受其他指标因素的影响，综合得分并未排名靠前。社会贡献维度，高校校办企业得分偏低，该方面并未引起校办企业的高度重视。

8.2 展望

推进各省高校校办企业均衡发展，需要各省相关部门给予足够的政策上的支持，各高校校办企业管理层应加强自身修炼，提升管理水平，重视人才，做好产学研结合工作。各高校校办企业应根据自身的薄弱环节，向表现优异的高校校办企业学习，采取不同的方法和措施，克服缺点，以减少薄弱环节给高校校办企业带来的潜在损失。依据评价的五个维度，各高校校办企业应结合自身的优缺点，采取不同的措施来提升企业的整体实力。

教育部直属高校校办企业应结合各高校的优势学科和区位优势做好研发创新工作，保持良好的创新氛围，推动创新文化在企业内生根发芽。对于在整体评价中排名靠前的教育部直属高校校办企业，在创新投入、研究开发、创新生产和创新产出能力方面的表现优异。这类高校应该迅速将产品推向市场，将创新能力迅速转换为经济实力，投入下一轮的研发创新中去，提升企业的再研发能力，形成研发创新的良性循环。对于在评价中靠后的企业，应以排名靠前的高校校办企业为示范，细致分析在创新投入、研究开发、创新生产和创新产出能力与排名靠前的教育部直属高校校办企业的差距，结合自身特点，推进企业研发创新能力建设。

教育部直属高校校办企业应不断完善企业制度，推进公司治理能力不断向前迈进。公司应建立完善的激励机制，良好的激励机制有助于调动员工的工作积极性，提升企业整体运作效率，同时也有助于留住人才。

教育部直属高校校办企业应注重提升企业的竞争能力。各高校校办企业根据自身提供的产品和服务，对比同行业排名靠前的企业，在产品质量和收益率方面不断向行业高水准靠近；教育部直属高校校办企业中拥有中国驰名商标的企业并不多，拥有中国驰名商标不仅是对产品质量的认可，同时也有利于企业提高社会知名度，有利于拓展市场，因此，各高校校办企业应坚持打造中国驰名商标战略，借助中国驰名商标这一有力武器，在市场竞争中占据有利位置。

教育部直属高校校办企业应密切关注企业自身的财务状况，保持良好的资产负债结构，提高资产收益率；注重提升企业规模竞争力，确保资产总额、营业收入总额和利润总额的稳定增长；提升企业偿债能力，避免资不抵债、出现破产清算的情况；提升企业营运能力，加强对应收账款、流动资产等方面的管理；提升盈利能力，关注净资产收益率和总资产收益率，避免企业盲目提升规模竞争力而忽视对收益的关注。

教育部直属高校校办企业应积极履行社会责任。企业应有效管理和利用投资资源，创造企业价值，承担对投资者的责任和义务；企业应积极缴纳税款，不偷税漏税，吸纳社会人员就业，提升地方就业率，承担对地方政府的责任；企业应注重对员工的培养，提升员工工资，建立健全职工保障系统，承担对职工的责任；企业在自身条件应允的情况下，应积极参与社会公益活动，推动公益事业的开展；企业应向消费者提供优质的产品和服务，做好售后服务工作，妥善解决消费者在使用产品和享受服务过程中遇到的问题；企业在日常生产过程中，应注重增强环保意识，加强环保工作，积极承担起环境保护的责任，实现经济、社会与环境的可持续发展。

参考文献

[1] 王宛山，高喜良，孙华林．高校校办企业的地位与作用［J］．中国冶金教育，1996，(2)：10－15.

[2] 季立才．高等学校校办企业的作用、问题及发展对策［J］．武汉大学学报（哲学社会科学版），1999，(3)：124－127.

[3] 孙顺源．关于建立现代校办企业产权制度的思考［J］．教育财会研究，2001，(3)：36－38.

[4] 高扬．我国高校校办企业的发展与取向［J］．经济体制革，2003，(2)：161－164.

[5] 陈显荣，余新．我国高校校办企业发展分析［J］．重庆工商大学学报（社会学版），2005，(2)：38－40.

[6] 荣泳霖．高校资产公司建立的作用与意义（上）——清华科技产业的实践和体会［J］．中国高校科技与产业化，2007，(Z1)：82－85

[7] 荣泳霖．高校资产公司建立的作用与意义（下）——清华科技产业的实践和体会［J］．中国高校科技与产业化，2007，(3)：63－68.

[8] 孙百俊．关于高校校办企业定位问题研究［J］．社科纵横，2007，(4)：165－166.

[9] 王文岩，孙福全，申强．产学研合作模式的分类、特征及选择［J］．中国科技论坛，2008，(5)：37－40.

[10] 周州，李瑞清．我国高校校办企业的探析与思考［J］．中国校外教育（理论），2008，(7)：13－14.

[11] 眭依凡，汤谦凡．我国高校社会服务30年发展实践研究［J］．中国

高教研究，2008，(11)：18－22.

[12] 陈碧堂．高校校办企业的定位与发展思考 [J]．中国高校科技与产业化，2009，(5)：26－28.

[13] 李敏．我国高校企业改制的模式分析 [D]．北京：北京交通大学，2009.

[14] 周娜，季从留．校办企业存在的问题与发展研究 [J]．中国高校科技，2012，(7)：54－55.

[15] 戴大勇，卞庆珍．高校三种产业管理体制比较 [J]．中国高校科技，2013，(5)：75－76.

[16] 高健．高等院校校办企业绩效评价体系研究 [D]．济南：山东大学，2011.

[17] 任良丰．我国大学校办企业发展模式研究 [D]．长沙：长沙理工大学，2012.

[18] 黄艳蓉．营销力评价指标体系构建及模型研究 [D]．武汉：武汉理工大学，2007.

[19] 王蕎涓，郝钢．企业营销竞争力的发展与研究 [J]．商业经济，2012，(8)：64－66.

[20] 季红颖．企业营销竞争力评价体系研究 [D]．长春：吉林大学，2008.

[21] 刘瑞蕾．湖南地区高校校办企业核心竞争力研究 [D]．湘潭：湘潭大学，2013.

[22] 陈洪转．我国商业银行核心竞争力评价研究 [D]．南京：河海大学，2004.

[23] 杨达远．我国国有商业银行公司治理问题研究 [D]．福州：福建师范大学，2007.

[24] 王德武．中国上市公司治理的有效性评价研究 [D]．沈阳：辽宁大学，2007.

[25] 王洁．公司治理中的会计信息质量研究 [D]．长春：吉林大学，2007.

[26] 黄灏然，俞守华，区晶莹．企业核心竞争力研究综述 [J]．价值工

程，2008，(3)：115－118.

[27]“高校校办企业财务管理若干问题的研究”课题组．高校校办企业财务评价体系的研究［J］．事业财会，2005，(6)：17－18.

[28] 施金影．企业财务能力分析体系探讨［J］．会计之友（下旬刊），2009，(2)：26－27.

[29] 孟从敏．论企业财务的核心竞争能力［J］．会计之友（上旬刊），2009，(8)：32－33.

[30] 高健．高等院校校办企业绩效评价体系研究［D］．济南：山东大学，2011.

[31] 王莹瑞，朱卫东，林峥．校办企业绩效评价指标体系研究［J］．会计之友，2006，(4)：46－47.

[32] 李蕴萌．平衡计分卡在高校校办企业绩效评价中的应用［J］．财会通讯，2013，(2)：59－61.

[33] 王莹瑞，朱卫东，林峥．校办企业绩效评价指标体系研究［C］//中国会计学会高等工科院校分会．中国会计学会高等工科院校分会2005年学术年会暨第十二届年会论文集．2005.

[34] 兰洋．基于层次分析法的企业财务分析［J］．科技致富向导，2010，(36)：39－40.

[35] 黎春．中国上市公司财务指数研究［D］．成都：西南财经大学，2010.

[36] 刘宇平．基于提升企业核心竞争力的财务能力评价研究［D］．沈阳：沈阳工业大学，2012.

[37] 温鉴．企业财务核心能力研究［D］．南宁：广西大学，2007.

[38] 蔡旺清，蔡旺．广州市中小企业财务核心竞争力形成机理研究［J］．中外企业家，2012，(5)：73－74.

[39] 刘荣．上市公司财务竞争力综合评价研究［D］．济南：山东经济学院，2010.

[40] 胡海波．产业自主创新能力及其评价研究［D］．南昌：江西财经大学，2010.

[41] 张济建．国有企业自主创新能力研究［D］．镇江：江苏大学，2010.

[42] 王嵩．技术创新能力对中小企业成长的影响研究［D］．济南：山东大学，2013.

[43] 赵秀丽．国家创新体系视角下的国有企业自主创新研究［D］．济南：山东大学，2013.

[44] 朱明星．中国上市商业银行创新能力形成机理及其对绩效的影响研究［D］．济南：山东大学，2013.

[45] 龚关．基于专利信息的产业技术创新能力评价研究［D］．上海：华东师范大学，2012.

[46] 耿迪．高校科技创新能力评价研究［D］．武汉：武汉理工大学，2013.

[47] 智瑞芝．区域创新视角下的日本大学衍生企业研究［D］．上海：华东师范大学，2007.

[48] 李志刚．基于网络结构的产业集群创新机制和创新绩效研究［D］．合肥：中国科学技术大学，2007.

[49] 田波．创新型企业评估理论与方法研究［D］．长春：吉林大学，2008.

[50] 王晓．高校校办企业发展模式创新研究［D］．西安：西北农林科技大学，2008.

[51] 俞红斌．浅谈高校校办企业的现状与对策［J］．商场现代化，2009，(16)：46－48.

[52] 白华．内部控制、公司治理与风险管理——一个职能论的视角［J］．经济学家，2012，(3)：46－54.

[53] 师帅朋，郭荔，边华．我国高校校办企业公司治理模式研究［J］．价值工程，2012，(13)：104－105.

[54] 方红星，金玉娜．公司治理、内部控制与非效率投资：理论分析与经验证据［J］．会计研究，2013，(7)：63－69.

[55] 李培功，沈艺峰．媒体的公司治理作用：中国的经验证据［J］．经济研究，2010，(4)：14－27.

[56] 南开大学公司治理评价课题组，李维安．中国上市公司治理状况评价研究——来自2008年1127家上市公司的数据［J］．管理世界，2010，(1)：

142－151.

［57］苏冬蔚，林大庞．股权激励、盈余管理与公司治理［J］．经济研究，2010，(11)：88－100.

［58］蒋琰．权益成本、债务成本与公司治理：影响差异性研究［J］．管理世界，2009，(11)：144－155.

［59］南开大学公司治理评价课题组，李维安．中国上市公司治理评价与指数分析——基于2006年1249家公司［J］．管理世界，2007，(5)：104－114.

［60］南开大学公司治理研究中心公司治理评价课题组．中国上市公司治理指数与治理绩效的实证分析［J］．管理世界，2004，(2)：63－74.

［61］李维安，唐跃军．公司治理评价、治理指数与公司业绩——来自2003年中国上市公司的证据［J］．中国工业经济，2006，(4)：98－107.

［62］南开大学公司治理研究中心公司治理评价课题组，李维安．中国上市公司治理指数与公司绩效的实证分析——基于中国1149家上市公司的研究［J］．管理世界，2006，(3)：104－113.

［63］李维安，张国萍．经理层治理评价指数与相关绩效的实证研究——基于中国上市公司治理评价的研究［J］．经济研究，2005，(11)：87－98.

［64］李维安，李滨．机构投资者介入公司治理效果的实证研究——基于CCGI～(NK)的经验研究［J］．南开管理评论，2008，(1)：4－14.

［65］高健．高等院校校办企业绩效评价体系研究［D］．济南：山东大学，2011.

［66］王定．地方综合性大学社会贡献评价指标体系研究［D］．太原：山西大学，2012.

［67］陈超超．高校非经营性资产转经营性资产管理探讨［J］．中国商界(下半月)，2009，(7)：107.

［68］孙璐．基于社会贡献值的公司绩效评价体系研究［D］．太原：太原理工大学，2013.

［69］崔瑜如．高校社会责任评价指标体系研究［D］．石家庄：石家庄经济学院，2013.

［70］陈英．企业社会贡献对环境信息披露的影响［D］．长沙：湖南大学，2011.

[71] 陈俊英．基于利益相关论的企业社会责任财务评价研究［D］．成都：四川农业大学，2009.

[72] 徐颖．基于利益相关者的企业社会责任评价指标体系研究［D］．合肥：安徽大学，2010.

[73] 曾鸥．企业社会责任评价指标体系的构建与实证研究［D］．武汉：华中科技大学，2011.

[74] 马英华．企业社会责任及其评价指标［J］．财会通讯（学术版），2008，(8)：40－42.

[75] 蒋武．高校企业公司治理结构研究［D］．成都：四川农业大学，2006.

图书在版编目（CIP）数据

教育部直属高校校办企业发展报告2013/教育部财务司，合肥工业大学编．—合肥：合肥工业大学出版社，2015.12

ISBN 978-7-5650-2163-3

Ⅰ.①教…　Ⅱ.①教…②合…　Ⅲ.①高等学校—校办企业—企业发展—研究报告—中国—2013　Ⅳ.①G649.22

中国版本图书馆CIP数据核字（2015）第095979号

教育部直属高校校办企业发展报告2013

教育部财务司　合肥工业大学　编　　　　责任编辑　吴毅明

出　版 合肥工业大学出版社		**版　次** 2015年12月第1版	
地　址 合肥市屯溪路193号		**印　次** 2015年12月第1次印刷	
邮　编 230009		**开　本** 787毫米×1092毫米　1/16	
电　话 总　编　室：0551-62903038		**印　张** 11.75　　**彩　插** 2印张	
市场营销部：0551-62903198		**字　数** 220千字	
网　址 www.hfutpress.com.cn		**印　刷** 安徽联众印刷有限公司	
E-mail hfutpress@163.com		**发　行** 全国新华书店	

ISBN 978-7-5650-2163-3　　　　定价：80.00元

如果有影响阅读的印装质量问题，请与出版社市场营销部联系调换。